LES MEMOIRES DE LA ROINE MARGVERITE.

A PARIS,

Par CHARLES CHAPPELLAIN, ruë de la Bucherie, à l'image saincte Barbe.

M. DC. XXVIII.

Auec priuilege du Roy.

AV LECTEVR.

CE liure, Lecteur, est vn de ceux qui n'ont point besoin de l'industrie d'autruy pour se rendre recommandables. Son titre est vn charme si puissant, qu'il faut estre merueilleusement stupide pour n'estre point attiré à la lecture de l'ouurage qui est en suitte, & les choses qu'il traitte sont si agreables, & si elegamment escrites, que celuy n'a aucune cognoissance des belles choses, qui n'auoüe que cet escrit a toutes les perfections qui sont requises pour exciter l'admiration dans les esprits bien faits. Que Rome vante tant qu'il luy plaira les Commentaires de son premier Empereur, la France a maintenant les Memoires d'vne grande Roine qui ne leur cedent en rien. Voila vn eloge bien grand, mais tres-veritable pourtant, & duquel tu ne me desdiras pas, Lecteur, si tu n'es preoccupé de cette impertinente opinion que rien ne peut esgaler ce que l'antiquité a produit, ou si vne abominable malice ne te fait re-

á ij

garder auec enuie la gloire de ta patrie. Ie
ne veux pas m'étendre dauantage sur ce sujet, à fin qu'vn plus long discours ne retar-
de le contentement que tu auras en la lecture
de celuy de cette rare Princesse ; & me con-
tenteray de te dire que celuy auquel elle l'a-
dresse est Messire Charles de Viuonne, Baron
de la Chastaigneraye, & Seigneur de Hardelay, qui estoit Chambellan du Duc d'Alençon.
La mere de Madame de Rais estoit sa tante, & luy par consequent cousin de Madame de Rais. Quelques vns croyent que l'a-
dresse en soit faitte à Monsieur de Rendan,
mais cela n'est pas si vray-semblable. Or la
copie sur laquelle il a esté imprimé estoit si
corrompuë, que ce n'est pas si grand' merueille qu'il s'y soit glißé plusieurs fautes,
comme il est estrange qu'on l'aye peu publier
si entier. Mais depuis que l'impreßion a
esté acheuée il m'est tombé entre les mains
vn exemplaire plus entier & plus net, duquel j'ay tiré les obmißions que tu verras en
la page suiuante, auec quelques autres plus
legeres corrections, que tu remettras s'il te
plaist chacune en son lieu.

Fautes à corriger & obmißions à remettre.

Page 4. *ligne* 16. lors que vous parlez de ma peau & de mon visage de France, *lisez*, lors que vous parlez de Pau, & de mon voyage de France.

Page 10. *ligne* 5. Madame de Curtoge, *lisez*, Madame de Curton.

Page 60. *ligne* 21. & que sãs doute s'ils voyoient quelque chose, *lisez*, & que sans doute s'ils descouuroient quelque chose ils se vengeroient sur moy. La Roine ma Mere respond, que s'il plaisoit à Dieu ie n'aurois point de mal ; mais quoy que ce fut il falloit que i'allasse, de peur de leur faire soupçonner quelque chose.

Page 109. *ligne* 3. à vne escharpe colombine que portoit vn des siens comme luy, *lisez*, à vne escharpe colombine où il portoit son bras droit blessé, bien à propos pour eux, qui en eussent senti la force ; qui furent toutesfois bien soustenus de cette petite troupe d'honnestes gens qui estoient auec luy, à qui l'inopinée rencontre ny l'horreur de la nuict n'osta le cœur ny le iugement ; mais faisants autant de preuue de leur valeur que de l'affection qu'ils auoient à leur ami, à force d'armes le passèrent iusques à son logis, sans perdre aucun de leur troupe, qu'vn gentil'homme qui auoit esté nourry auec luy,

qui ayant esté blessé auparauant à vn bras por-
toit vne escharpe colōbine cōme luy, mais &c.
Page 116. *ligne* 1. Chaueri, *lisez*, Changi.
Page 123. *ligne* 12. où il se trouua suiui du car-
rosse d'vne Dame, *lisez*, où il trouua Simié auec
le carrosse d'vne Dame.
Page 183. *ligne* 20. il n'auoit iamais voulu voir
Dom Iean, qui ne l'auoit osé forcer, *lisez*, il
n'auoit neantmoins iamais voulu voir Dom
Iean, ny permettre que luy ny aucun de la part
de l'Espagnol entrast en son gouuernement;
Dom Iean ne l'ayant osé forcer.
Page 219. *ligne* 5. la Bressiere, *lisez*, la Boëssiere.
Page 232. *ligne* 16. qu'il venoit entre luy, *lisez*,
qu'il viuoit neutre.
Page 312. *ligne* 15. à la Rochelle, *lisez*, à la
Reolle.

Par tout où vous treuuerez ces noms, *de Cossé*
&, *de Coste*, remettez, *de Losse*.

Extraict du priuilege du Roy.

PAR grace & priuilege du Roy, en datte du dernier iour d'Octobre mil six cens vingt-huict, signé Fauure, & seellé ; Il est permis à Charles Chappellain Imprimeur à Paris, d'imprimer, vendre, & distribuer vn liure intitulé, *Les memoires de la Roine Marguerite;* Et ce pendant le temps de six années consecutiues. Auec deffenses à tous autres Imprimeurs & Libraires de le contrefaire, sur peine aux contreuenans de côfiscation des exemplaires, & de huict cens liures d'amende, applicable moitié au Roy, & l'autre audit exposant, ainsi que plus amplement est porté par ledit priuilege.

Enregistré le huictiesme iour du mois de Nouembre mil six cens vingt-huict.

LIVRE PREMIER.

IE loüerois dauantage voſtre œuure ſi elle ne me loüoit tant; ne voulant qu'on attribuë la loüange que i'en ferois pluſtoſt à la philaſtie qu'à la raiſon, & ainſi que l'on penſe que comme Themiſtocle i'eſtime celuy dire le mieux qui me loüe le plus. C'eſt vn commun vice aux femmes, de ſe plaire aux loüanges bien que non meritées. Ie blaſme mon ſexe en cela, & n'en voudrois tenir cette condition. Ie tiens neantmoins à beaucoup de gloire qu'vn ſi honneſte homme que vous m'aye voulu peindre d'vn ſi riche pinceau. En ce portrait l'ornement du tableau

ſurpaſſe de beaucoup l'excellence
de la figure que vous en auez voulu rendre le ſujet. Si i'ay eu quelques parties de celles que vous
m'attribuez, les ennuis les effaçans
de l'exterieur, en ont auſſi effacé la
ſouuenance de ma memoire. De
ſorte que me remirant en voſtre
diſcours, ieferois volontiers comme la vieille Madame de Rendan,
qui ayant demeuré depuis la mort
de ſon mary ſans voir ſon miroir,
rencontrant par fortune ſon viſage dans le miroir d'vn autre, demanda qui eſtoit celle-là. Et bien
que mes amis qui me voyent me
veulent perſuader le contraire, ie
tiens leur iugement pour ſuſpect,
comme ayans les yeux faſcinez de
trop d'affection. Ie crois que quád
vous viendrez à la preuue, vous

ferez en cela de mon cofté, & direz, comme fouuent ie l'efcris, par ces vers de du Bellay ; *C'eft chercher Rome en Rome, & rien de Rome en Rome Ne trouuer.* Mais cóme l'on fe plaift à lire la deftruction de Troye, la grandeur d'Athenes, & de telles puiffantes villes lors qu'elles floriffoient, bien que les vefti-ges en foient fi petits qu'à peine peut-on remarquer où elles ont efté ; ainfi vous plaifez-vousà defcrire l'excellence d'vne beauté, bien qu'il n'en refte aucun veftige ny témoignage que vos efcrits. Si vous l'auiez fait pour reprefenter le contrafte de la nature & de la fortune, plus beau fujet ne pouuiez-vous choifir ; les deux y ayants à l'enuy fait effay de l'effort de leur puiffance. En celuy de la nature, en ayant

esté témoin oculaire, vous n'y auez
besoin d'instruction. Mais en celuy de la fortune, ne le pouuant
décrire que par rapport (qui est
sujet d'estre fait par des personnes
ou mal informées ou mal affectió-
nées, qui ne peuuent représenter
le vray ou par ignorance ou par
malice) i'estime que vous receurez
plaisir d'en auoir les memoires de
qui le peut mieux sçauoir, & de qui
a plus d'interest à la verité de la des-
cription de ce sujet. I'y ay aussi esté
conuiée par cinq ou six remarques
que i'ay faites en vostre discours,
où il y a de l'erreur; qui sont, lors
que vous parlez de ma peau & de
mon visage de France; quand vous
parlez de feu Monsieur le Marefchal de Biron ; quand vous parlez
d'Agen , & aussi de la sortie de ce

lieu du Marquis de Canillac. Ie traceray mes Memoires, à qui ie ne donneray vn plus glorieux nom, bien qu'ils meritaſſent celuy d'Hiſtoire, pour la verité qui y eſt contenuë nuëment & ſans ornement aucun, ne m'en eſtimant pas capable, & n'en ayant auſſi maintenant le loiſir. Cet œuure donc d'vne aprés-diſnée ira vers vous comme les petits ours, en maſſe lourde & difforme, pour y receuoir ſa formation. C'eſt vn chaos, duquel vous auez déja tiré la lumiere. Il reſte l'œuure de cinq ou ſix autres iournées. C'eſt vne hiſtoire, certes, digne d'eſtre eſcrite par vn Caualier d'honneur, vray François, nay d'illuſtre maiſon, nourry des Rois mes pere & freres, parent & familier amy des plus galantes & hon-

A iij

neſtes femmes de noſtre temps, de la compagnie deſquelles i'ay eu ce bon-heur d'eſtre la liaiſon. Les choſes precedentes auec celles des derniers temps me contraignent de commencer du temps du Roy Charles, & au premier point où ie me puiſſe reſſouuenir y auoir eu quelque choſe remarquable à ma vie. Partant comme les Geographes qui décriuent la terre, quand ils ſont arriuez au dernier terme de leur cognoiſſance, diſent ; Au delà ce ne ſont que des deſerts ſablon-neux, terres inhabitées, & mers non nauiguées ; de meſme ie diray n'y auoir au delà que le vague d'v-ne premiere enfance, où nous vi-uions pluſtoſt guidez par la nature à la façon des plantes & des ani-maux, que comme hommes regis

& gouuernez par la raifon ; & laif-
feray à ceux qui m'ont gouuernée
en cet âge-là cette fuperfluë recherche, où peut-eftre en ces enfanti-
nes actions f'en trouueroit-il d'auffi dignes d'eftre écrites que celle de
l'enfance de Themiftocles & d'A-
lexandre; l'vn f'expofant au milieu
de la ruë deuant les pieds des cheuaux d'vn charretier qui ne f'eftoit
à fa priere voulu arrefter ; l'autre
méprifant l'honneur du prix de la
courfe f'il ne le difputoit auec des
Rois. Defquelles pourroit eftre la
repartie que ie feis au Roy mon pere peu de iours auant le miferable
coup qui priua la France de repos
& noftre maifon de bon-heur.
N'ayant lors qu'enuiron quatre
où cinq ans , & me tenant fur fes
genoux pour me faire caufer, il me

A iiij

dit que ie choisisse celuy que ie
voulois pour mon seruiteur de
Mósieur le Prince de Ioinuille, qui
a depuis esté ce grand & infortuné
Duc de Guise, ou du Marquis de
Beaupreau fils du Prince de la Ro-
chesur-Yon (en l'esprit duquel la
fortune pour auoir fait trop d'effort de son excellence excita l'enuie de la fortune iusques à luy estre
mortelle ennemie, le priuant par
la mort en son an quatorziesme
des honneurs & couronnes qui
estoient iustement promises à la
vertu & magnanimité qui relui-
soient en son esprit) tous deux se
joüants auprés du Roy mon pere
moy les regardant.   Ie luy dis que
ie voulois le Marquis.   Il me dist;
Pourquoy? Il n'est pas si beau. (car
le Prince de Ioinuille estoit blond

& blanc , & le Marquis de Beaupreau auoit le teint & les cheueux
bruns) Ie luy dis pource qu'il eſtoit
plus ſage , & que l'autre ne peut
durer en patience qu'il ne faſſe
tous les iours mal à quelqu'vn, &
veut touſiours eſtre le maiſtre. Augure certain de ce que nous auons
veu depuis. Et la reſiſtance auſſi
que ie feis pour conſeruer ma religion du temps du Colloque de
Poiſſi, où toute la Cour eſtoit in-
fectée d'hereſie , aux perſuaſions
imperieuſes de pluſieurs Dames &
Seigneurs de la Cour , & meſmes
de mon frere d'Anjou, depuis Roy
de France, de qui l'enfance n'auoit
peu euiter l'impreſſion de la mal-
heureuſe Huguenoterie , qui ſans
ceſſe me crioit de changer de religion , jettant ſouuent mes heures

dans le feu, & au lieu me donnant
des Pſalmes & prieres Huguenotes, me contraignant les porter;
leſquelles ſoudain que ie les auois
ie les baillois à Madame de Curtoge ma gouuernante, que Dieu m'a-
uoit fait la grace de conſeruer Catholique, laquelle me menoit ſouuent chez le bon-homme Monſieur le Cardinal de Tournon, qui
me conſeilloit & fortifioit à ſouffrir toutes choſes pour maintenir
ma religion, & me redonnoit des
heures & des chappellets au lieu de
ceux que m'auoit bruſlez mon frere d'Anjou. Et ſes autres particu-
liers amis qui auoient entrepris de
me perdre, me les retrouuant, ani-
mez de courroux m'injurioient, diſants que c'eſtoit enfance & ſottiſe
qui me le faiſoit faire ; Qu'il pa-

roiſſoit bien que ie n'auois point
d'entendement ; Que tous ceux
qui auoient de l'eſprit, de quelque
âge & ſexe qu'ils fuſſent, oyants
preſcher la charité ſ'eſtoient retirez
de l'abus de cette bigotérie. Mais
que ie ſerois auſſi ſotte que ma
gouuernante. Et mon frere d'Anjou y adjouſtant les menaces, diſoit
que la Roine ma mere me feroit
fouëtter. Ce qu'il diſoit de luy-
meſme ; car la Roine ma mere ne
ſçauoit point l'erreur où il eſtoit
tombé. Et ſoudain qu'elle le ſceut,
le táſa fort luy & ſes gouuerneurs,
& les faiſant inſtruire les contrai-
gniſt de reprendre la vraye, ſain-
cte, & ancienne Religion de nos
peres, de laquelle elle ne ſ'eſtoit ja-
mais departie. Ie luy reſpondis à
telles menaces, fondante en lar-

mes, comme l'âge de sept à huict
ans où i'estois lors y est assez tendre, qu'il me fist fouëtter, & qu'il
me fist tuer s'il vouloit; que ie souf-
frirois tout ce que l'on me sçauroit
faire plustost que de me damner.
Assez d'autres responses, assez d'autres telles marques de iugement &
de resolution s'y pourroient-elles
trouuer; à la recherche desquelles
ie ne veux peiner, voulant commencer mes Memoires seulement
du temps que ie suis à la suitte de
la Roine ma mere pour n'en bouger plus. Car incontinent aprés le
Colloque de Poissi que les guerres
commencerent, nous fusmes mon
petit frere d'Alençon & moy, à cause de nostre petitesse, enuoyez à
Amboise, où toutes les Dames de
ce païs là se retirerent auec nous;

mefme voftre tante Madame de
Dampierre , qui me prift lors en
amitié, qu'elle m'a continuée iufques à fa mort ; & voftre coufine
Madame la Ducheffe de Rais, qui
fceut en ce lieu la grace que la fortune luy auoit faite de la deliurer à
la bataille de Dreux d'vn fafcheux,
fon premier mary Monfieur d'An-
nebaut, qui eftoit indigne de poffeder vn fujet fi diuin & fi parfait.
Ie parle icy du principe de l'amitié
de voftre tante enuers moy , non
de voftre coufine; bien que depuis
nous en ayons eu de fi parfaitte,
qu'elle dure encore & durera toufiours. Mais lors l'âge ancien de
voftre tante & mon enfantine jeu-
neffe auoient plus de conuenance,
eftant le naturel des vieilles gens
d'aimer les petits enfans , & de

ceux qui font en âge parfait , comme eftoit lors voftre coufine, de
mefprifer & haïr leur importune
fimplicité. I'y demeuray iufques
au commencemét du grand voyage, que la Roine ma mere me feit
reuenir à la Cour pour ne bouger
plus d'auprés d'elle. Duquel toutesfois ie ne parleray point , eftant
lors fi ieune que ie n'en ay peu
conferuer la fouuenance qu'en
gros , les particularitez s'eftants
éuanouïes de ma memoire comme
vn fonge. Ie laiffe à en difcourir à
ceux qui eftants en âge plus meur,
comme vous, fe peuuent fouuenir
des magnificences qui furent faites
partout ; mefmes à Bar le Duc au
baptefme de mon neueu le Prince
de Lorraine; à Lyon à la venuë de
Monfieur & de Madame de Sa-

uoye ; à Bayonne à l'entreueuë de
la Roine d'Espagne ma sœur, &
de la Roine ma mere , & du Roy
Charles mon frere ; là où ie m'asseure que vous n'oublierez de re-
presenter le festin superbe de la
Roine ma mere en l'Isle , auec le
ballet , & la forme de la sale qu'il
sembloit que la nature eust appro-
priée à cet effet ; ayant cerné dans
le milieu de l'Isle vn grand pré en
ouale de bois de haute fustaye, où
la Roine ma mere disposa tout à
l'entour de grandes niches,& dans
chacune vne table ronde à douze
personnes ; la table de leurs Ma-
jestez seulement s'esleuoit au bout
de la sale sur vn haut dais de quatre
degrez de gazons.   Toutes ces tables seruies par trouppes de diuer-
ses Bergeres habillées de toille d'or

& de ſatin, diuerſement ſelon les
habits diuers de toutes les Prouinces de France. Leſquelles Bergeres
à la deſcente des magnifiques batteaux (ſur leſquels venát de Bayonne à cette Iſle l'on fuſt touſiours
accompagné de la muſique de pluſieurs Dieux marins, chantants &
recitants des vers autour du batteau de leurs Majeſtez) s'eſtoient
trouué chaque trouppe en vn pré à
part aux deux coſtez d'vne grande
allée de pelouſe dreſſée pour aller
à la ſuſdite ſale , chaque trouppe
danſant à la façon de ſon païs ; les
Poiteuines auec la cornemuſe ; les
Prouençales la volte auec les cim-
balles; les Bourguignones & Chá-
penoiſes auec le petit haut-bois, le
deſſus de violon , & tabourins de
de village ; les Bretonnes danſans
les

les paſſepieds & branles-gais ; &
ainſi toutes les autres Prouinces.
Aprés le ſeruice deſquelles & le
feſtin finy l'on veit auec vne grande trouppe de Satyres muſiciens
entrer ce grand rocher lumineux,
mais plus eſclairé des beautez &
pierreries des Nymphes qui ſe faiſoit deſſus leur entrée que des arti-
ficielles lumieres; leſquelles deſcen-
dantes vindrent danſer ce beau
ballet, duquel la fortune enuieuſe
ne pouuant ſupporter la gloire, feit
orager vne ſi eſtrange pluye &
tempeſte, que la confuſion de la re-
traitte qu'il falloit faire la nuit par
batteaux apporta le lendemain autant de bons contes pour rire, que
ce magnifique appareil de feſtin
auoit apporté de contentement, &
en toutes les ſuperbes entrées qui

leur furent faites aux villes principales de ce Royaume , duquel ils
viſiterent toutes les Prouinces.

    Au regne du magnanime Roy
Charles mon frere , quelques années aprés le retour du grád voyage , les Huguenots ayants recom-
mencé la guerre , le Roy & la Roine ma mere eſtans à Paris, vn Gentil-homme de mon frere d'Anjou,
qui depuis a eſté Roy de France,
arriua de ſa part pour les aduertir
qu'il auoit reduit l'armée des Huguenots à telle extrémité , qu'il eſ-
peroit qu'ils ſeroient contraints de
venir dans peu de iours à la bataille , & qu'il les ſupplioit auant cela
qu'il euſt cet honneur de les voir, à
fin que ſi la fortune , enuieuſe de
la gloire qu'en ſi ieune âge il auoit
acquiſe , vouloit en cette deſirée

iournée, aprés auoir fait vn bon
feruice à fon Roy, à fa religion, &
à cet Eftat, ioindre le triomphe de
fa victoire à celuy de fes funerailles, il partift de ce monde auec
moins de regret, les ayans laiffez
tous deux fatisfaits en la charge
qu'ils luy auoient fait l'honneur de
luy commettre; dequoy il s'eftime-
roit plus glorieux, que des deux
trophées qu'il s'eftoit acquis par
fes deux premieres victoires. Si ces
parolles toucherent au cœur d'vne
fi bonne mere qui ne viuoit que
pour fes enfans, abandonnant à
toute heure fa vie pour conferuer
la leur & leur Eftat, & qui fur tout
cheriffoit celuy-là, vous le pouuez
iuger. Soudain elle fe refoluft de
partir auec le Roy, le menant auec
elle, & des femmes la petite troup-

pe accouſtumée, Madame de Rais, Madame de Sauue, & moy. Eſtant portée des aiſles du deſir & de l'affection maternelle elle feit le chemin de Paris à Tours en trois iours & demy ; qui ne fuſt ſans incommodité, & beaucoup d'accidents dignes de riſée, pour y eſtre le pauure Monſieur le Cardinal de Bourbon qui ne l'abandonnoit iamais, qui toutesfois n'eſtoit de taille, d'humeur, ny de complexion pour telles coruées. Arriuant au Pleſſis lez Tours, mon frere d'Anjou s'y trouua auec les principaux chefs de ſes armées, qui eſtoient la fleur des Princes & Seigneurs de France, en la preſence deſquels il feit vne harangue au Roy, pour luy rendre raiſon de tout le maniement de ſa charge depuis qu'il eſtoit party de

la Cour, faite auec tant d'art & d'e-
loquence , & redite auec tant de
grace, qu'il se feit admirer de tous
les assistans; & d'autant plus que sa
grande ieunesse releuoit & faisoit
dauantage paroistre la prudence
de ses parolles , plus conuenable à
vne barbe grise & à vn vieux Capitaine , qu'à vne adolescence de
seize ans , en laquelle les lauriers
de deux batailles gaignées luy cei-
gnoient desia le front ; & la beauté, qui rend toute action agreable,
florissoit tellement en luy , qu'il
sembloit qu'elle feit à l'enuy auec
sa bonne fortune laquelle des deux
le rendroit plus glorieux. Ce qu'en
ressentoit ma mere , qui l'aimoit
vniquement, ne se peut represen-
ter par parolles , non plus que le
deuil du pere d'Iphigenie; & à tou-

te autre qu'à elle ; de l'ame de laquelle la prudence ne defempara
iamais , l'on euft aifément cognu
le tranfport qu'vne fi exeffiue ioye
luy caufoit. Mais elle moderant
fes actions comme elle vouloit,
monftrant en apparence que le dif-
cret ne fait rien qu'il ne vueille faire, fans s'amufer à publier fa ioye,
& pouffer les loüanges dehors
qu'vne action fi belle d'vn fils fi
parfait & fi chery meritoit , prinft
feulement les points de fa harangue qui concernoient les faits de la
guerre, pour en faire deliberer aux
Princes & Seigneurs là prefents, &
y prendre vne bonne refolution,
& pouruoir aux chofes neceffaires
pour la côtinuation de cette guerre. A la difpofition dequoy il fuft
neceffaire de paffer quelques iours

en ce lieu ; vn defquels la Roine
ma mere fe promenant dans le
parc auec quelques Princes , mon
frere d'Anjou me pria que nous
nous promenaffions en vne allée à
part , où eftant il me parla ainfi;
Ma fœur , la nourriture que nous
auôs prife enfemble ne nous oblige moins à nous aimer que la pro-
ximité. Auffi auez-vous peu cognoiftre qu'entre tous ceux que
nous fommes de freres , i'ay toufiours eu plus d'inclination de vous
vouloir du bien qu'à tout autre ; &
ay recognu auffi que voftre naturel vous portoit à me rendre mefme amitié. Nous auons efté iufques icy naturellement guidez à
cela fans aucun deffein , & fans que
telle vnion nous apportaft aucune
vtilité que le feul plaifir que nous
B iiij

auions de conuerser ensemble. Cela a esté bon pour nostre enfance; mais à cette heure il n'est plus téps de viure en enfans. Vous voyez les belles & grandes charges où Dieu m'a appellé, & où la Roine nostre bonne mere m'a esleué. Vous deuez croire que vous estant la chose du monde que i'aime & cheris le plus , ie n'auray iamais grandeurs ny biens à quoy vous ne participiez. Ie vous cognois assez d'esprit & de iugement pour me pouuoir seruir auprés de la Roine ma mere, pour me maintenir en la fortune où ie suis. Or mon principal appuy est d'estre conserué en sa bonne grace. Ie crains que l'absence m'y nuise ; & toutesfois la guerre & la charge que i'ay me contraignent d'estre presque touſ-

iours esloigné. Cependant le Roy
mon frere est tousiours auprez d'elle, la flatte, & luy complaist en
tout. Ie crains qu'à la longue cela
ne m'apporte prejudice, & que le
Roy mon frere deuenant grand,
estant courageux comme il est, ne
s'amuse tousiours à la chasse, mais
deuenant ambitieux vueille changer celle des bestes à celle des hommes, m'ostant la charge de Lieutenant de Roy qu'il m'a donnée,
pour aller luy-mesme aux armées.
Ce qui me seroit vne ruine & desplaisir si grand, qu'auant que receuoir vne telle cheute i'eslirois
plustost vne cruelle mort. En
cette apprehension songeant les
moyens pour y remedier, ie trouue qu'il m'est necessaire d'auoir
quelques personnes tres-fidelles

qui tiennent mon party auprez de la Roine ma mere. Ie n'en cognois point de si propre comme vous, que ie tiens comme vn secód moy-mesme. Vous auez toutes les parties qui s'y peuuét desirer, l'esprit, le iugement, & la fidelité. Pourueu que vous me vouliez tant obliger que d'y apporter de la subjection (vous priant d'estre tousiours à son leuer, à son cabinet, & à son coucher, & bref tout le iour) cela l'obligera de se communiquer à vous; auec ce que ie luy tesmoigneray vostre capacité, & la consolation & seruice qu'elle en receura, & la supplieray de ne plus viure auec vous comme auec vn enfant, mais de s'en seruir en mon absence comme de moy. Ce que ie m'asseure qu'elle fera. Parlez-luy auec as-

ſeurác̨e comme vous faites à moy,
& croyez qu'elle vous aura agreable. Ce vous ſera vn grand heur
& bon-heur d'eſtre aimée d'elle.
Vous ferez beaucoup pour vous &
pour moy ; & moy ie vous tien-
dray, aprez Dieu, pour la conſer-
uation de ma bonne fortune.

Ce langage me fuſt fort nouueau, pour auoir iuſques alors veſ-
cu ſans deſſein , ne penſant qu'à
danſer ou aller à la chaſſe , n'ayant
meſme la curioſité de m'habiller
ny paroiſtre belle, pour n'eſtre en
l'âge de telle ambition , & auoir
eſté nourrie auec telle contrainte
auprez de la Roine ma mere , que
non ſeulement ie ne luy oſois parler, mais quand elle me regardoit
ie tranſſiſſois, de peur d'auoir fait
quelque choſe qui luy deſpleuſt.

Peu s'en fallut que ie ne luy refpó-
diffe comme Moïfe à Dieu en la
vifion du buiffon ; Que fuis-ie
moy ? Enuoye celuy que tu dois
enuoyer. Toutesfois trouuant en
moy ce que ie ne penfois pas qui y
fuft , des puiffances excitées par
l'objeĉt de fes parolles, qui auparauant m'eftoient incognuës , bien
que née auec affez de courage, re-
uenát en moy de ce premier efton-
nement , ces parolles me pleurent,
& me fembla à l'inftant que i'eftois
transformée , & que i'eftois deue-
nuë quelque chofe de plus que ie
n'auois efté iufques alors. Tellement que ie commençay à prendre confiance de moy-mefme , &
luy dis; Mon frere, fi Dieu me donne la capacité & la hardieffe de parler à la Roine ma mere , comme

i'ay la volonté de vous feruir en ce que vous defirez de moy, ne doutez point que vous n'en retiriez l'vtilité & le contentement que vous vous en eftes propofé. Pour la fubjection, ie la luy rendray telle que vous cognoiftrez que ie prefere voftre bien à tous les plaifirs du monde. Vous auez raifon de vous affeurer de moy ; car rien au monde ne vous honore & aime tant que moy. Faites eftat que moy eftant auprez de la Roine ma mere vous y ferez vous-mefmes, & que ie n'y feray que pour vous. Ie proferay ces parolles trop mieux du cœur que de la bouche ; ainfi que les effets le tefmoignerent. Car eftans partis de là, la Roine m'appella à fon cabinet, & me dift ; Voftre frere m'a dit les difcours que

vous auez eu enſemble, & ne vous
tient pour vn enfant.   Auſſi ne le
veux-ie plus faire.   Ce me ſera vn
grand plaiſir de vous parler comme à voſtre frere. Rédez-vous ſub-
jecte auprés de moy, & ne craignez
point de me parler librement ; car
ie le veux ainſi.   Ces parolles firent
reſſentir à mon ame ce qu'elle n'a-
uoit iamais reſſentie, vn contentement ſi démeſuré , qu'il me ſembloit que tous les contentements
que i'auois eus iuſques alors n'e-
ſtoient que l'ombre de ce bien, regardant au paſſé d'vn œil dédai-
gneux , les exercices de mon enfance , la danſe , la chaſſe , & les
compagnies de mon âge, & les mé-
priſant comme des choſes trop fol-
les & trop vaines.   I'obeïs à cet
agreable commandemét, ne man-

quant vn feul iour d'eftre des premieres à fon leuer , & des denieres
à fon coucher. Elle me faifoit cet
honneur de me parler quelquefois
deux ou trois heures , & Dieu me
faifoit cette grace qu'elle reftoit fi
fatisfaite de moy , qu'elle ne s'en
pouuoit affez loüer à fes femmes.
Ie luy parlois toufiours de mon frere , & luy eftoit aduerty de tout ce
qui fe paffoit auec tant de fidelité,
& que ie ne refpirois autre chofe
que fa volonté.

Ie fus en cette heureufe condition quelque temps auprez de la
Roine ma mere , durant lequel la
bataille de Montcontour fe bailla;
auec la nouuelle de laquelle mon
frere d'Anjou , qui ne tendoit qu'à
eftre toufiours auprez de la Roine
ma mere , luy mandoit qu'il s'en

alloit aſſieger ſainct Iean d'Angely , & que la preſence du Roy &
d'elle ſeroit neceſſaire en ce ſiege.
Elle plus deſireuſe que luy de le
voir, ſe reſoluſt ſoudain de partir,
ne menant auec elle que la trouppe
ordinaire, de laquelle i'eſtois , &
i'allois d'vne ioye extrémement
gráde ſans preuoir le malheur que
la fortune m'y auoit preparé. Trop
ieune que i'eſtois & ſans experience ie n'auois à ſuſpecte cette proſ-
perité ; & penſant le bien duquel ie
iouïſſois permanent, ſans me dou-
ter d'aucun changement i'en faiſois eſtat aſſeuré. Mais l'enuieuſe
fortune qui ne pût ſupporter la
durée d'vne ſi heureuſe condition,
me preparoit autant d'ennuy à cette arriuée, que ie me promettois de
plaiſir par la fidelité de laquelle ie
penſois

penſois auoir obligé mon frere.
Mais depuis qu'il eſtoit party il
auoit proche de luy le Guaſt, duquel il eſtoit tellement poſſedé,
qu'il ne voyoit que par ſes yeux, &
ne parloit que par ſa bouche. Ce
mauuais homme né pour mal faire
ſoudain faſcina ſon eſprit , & le
remplit de mille tyranniques ma-
ximes ; Qu'il ne falloit aimer ny ſe
fier qu'à ſoy-meſme ; Qu'il ne falloit ioindre perſonne à ſa fortune,
non pas meſmes ny frere ny ſœur;
& autres tels beaux preceptes Ma-
chiaueliſtes. Leſquels imprimát en
ſon eſprit & les reſoluant en prat-
tique , ſoudain que nous fuſmes
arriuez, aprez les premieres ſaluta-
tions, ma mere ſe mit à ſe loüer de
moy , & luy dire combien fidellement ie l'auois ſeruy auprez d'elle.
C

Il luy respondit froidement qu'il estoit bien aise qu'il luy eust bien reüssi, l'en ayant suppliée : mais que la prudence ne permettoit pas que l'on se pûst seruir de mesmes expedients en tout temps, & que ce qui estoit necessaire à vne certaine heure pourroit estre nuisible à vne autre. Elle luy demanda pourquoy il disoit cela. Sur ce luy voyant le temps de l'inuention qu'il auoit fabriquée pour me ruiner, luy dit que ie deuenois belle, & que Monsieur de Guyse me vouloit rechercher, & que ses oncles aspiroient à me le faire espouser ; Que si ie venois à y auoir de l'affection, il seroit à craindre que ie luy descouurisse tout ce qu'elle me diroit ; Qu'elle sçauoit l'ambition de cette maison là, & combien elle auoit tousiours

trauersé la noftre.   Pour cette occafion il feroit bon qu'elle ne me
parlaft plus d'affaires , & que peu à
peu elle fe retiraft de fe familiarifer
auec moy. Dés le foir mefme ie recognus le changement que ce pernicieux confeil auoit fait en elle ; &
voyant qu'elle craignoit de me parler deuant mon frere , m'ayant
commandé trois ou quatre fois cependant qu'elle parloit à luy de
m'aller coucher , i'attendis qu'il
fuft forty de fa chambre, puis m'ap-
prochant d'elle ie la fuppliay de me
dire fi par ignorance i'auois efté fi
malheureufe d'auoir fait chofe qui
luy euft dépleu. Elle me le vouluft
du commencement diffimuler ; en
fin elle me dift ; Ma fille, voftre frere eft fage ; il ne faut pas que vous
luy en fçachiez mauuais gré;ce que

ie vous diray ne tend qu'à bien. Et
me fift tout ce difcours , me com-
mandât que ie ne luy parlaffe plus
deuant mon frere.   Ces parolles
me furent autant de pointes dans
le cœur , que les premieres lors
qu'elle me receut en fa bonne grace m'auoient efté de ioye. Ie n'ob-
mis rien à luy reprefenter de mon
innocence ; Que c'eftoit chofe dequoy ie n'auois iamais ouy parler;
& quand il auroit ce deffein , il ne
m'en parleroit iamais que foudain
ie ne l'aduertiffe. Mais ie n'aduan-
çay rien ; car l'impreffion des parolles de mon frere luy auoient tellement occupé l'efprit , qu'il n'y
auoit plus lieu pour aucune raifon
ny verité. Voyant cela , ie luy dis
que ie reffentois moins le mal de la
perte de mon bon-heur, que ie n'a-

uois senty le bien de son acquisi-
tion ; Que mon frere me l'ostoit
comme il me l'auoit donné. Car il
me l'auoit fait auoir sans merite,
me loüant lors que ie n'en estois
pas digne; & qu'il m'en priuoit aussi sans l'auoir demerité, sur vn sujet
imaginaire qui n'auoit nul estre
qu'en sa fantaisie; Que ie la sup-
pliois de croire que ie conseruerois
immortelle la souuenance de tout
ce que mon frere me faisoit. Elle
s'en courrouça , me commandant
de ne luy en monstrer nulle apparence. Depuis ce iour - là elle alla
tousiours me diminuant sa faueur,
faisant de son fils son idole, le voulant contenter en cela & en tout ce
qu'il desiroit d'elle. Cet ennuy me
pressant le cœur, & possedant toutes les facultez de mon ame, & ren-

C iij

dant mon corps plus propre à receuoir la contagion du mauuais
air qui eſtoit lors en l'armée, ie tombay à quelques iours de là extrémement malade d'vne grande fiéure continuë & du pourpre, maladie qui couroit lors , & qui auoit
en meſme temps emporté les deux
premiers Medecins du Roy & de
la Roine, Chappellain & Caſtelan,
comme ſe voulant prendre aux
bergers pour auoir meilleur mar-
ché du trouppeau. Auſſi en eſchap-
pa-t'il fort peu de ceux qui en furent atteints.   Moy eſtant en cette
extrémité , la Roine ma mere qui
ſçauoit vne partie de la cauſe, n'ob-
mettoit rien pour me faire ſecourir, prenant la peine ſans craindre
le danger d'y venir à toute heure.
Ce qui ſoulageoit bien mon mal:

mais la diſſimulation de mon frere
me l'augmentoit bien autant , qui
aprez m'auoir fait vne ſi grande
trahiſon , & rendu vne ſi grande
ingratitude , ne bougeoit iour &
nuict du cheuet de mon lit, me ſer-
uant auſſi officieuſement que ſi
nous euſſions eſté au temps de noſtre plus grande amitié. Moy qui
auois par commandement la bouche fermée, ne reſpondois que par
ſouſpirs à ſon hypocriſie , comme
Burrus feit à Neron, lequel mou-
ruſt par le poiſon que ce tyran luy
auoit fait donner, luy teſmoignant
aſſez que la cauſe de mon mal eſtoit
la contagion des mauuais offices, &
non celle de l'air infecté. Dieu eut
pitié de moy & me garantit de ce
dáger ; & aprez quinze iours paſſez
l'armée partant l'on m'emporta

dans des brancars, où tous les foirs
arriuant à la couchée ie trouuois le
Roy Charles, qui prenoit la peine
auec tous les honneſtes gens de la
Cour de porter ma littiere iufques
au cheuet de mon lit. En cet eſtat
ie vins de fainct Iean d'Angely à
Angers, malade du corps, mais
beaucoup plus malade de l'ame, où
pour mon malheur ie trouuay
Monſieur de Guiſe & ſes oncles arriuez. Ce qui reſiouït autant mon
frere, pour donner couleur à ſon
artifice, qu'il me donna d'appre-
henſion d'accroiſtre ma peine.
Lors mon frere pour mieux conduire ſa trame venoit tous les iours
à ma chambre, y menant Monſieur de Guiſe qu'il faignoit d'aimer fort. Et pour l'y faire penſer,
ſouuent en l'embraſſant il luy di-

foit ; Pleuſt à Dieu que tu fuſſe
mon frere. A quoy Monſieur de
Guiſe monſtroit ne point entendre. Mais moy qui ſçauois la malice, perdois patience de n'oſer luy
reprocher ſa diſſimulation. Sur ce
temps il ſe parla pour moy du mariage du Roy de Portugal, qui enuoya des Ambaſſadeurs pour me
demander. La Roine ma mere me
commanda de me parer pour les
receuoir ; ce que ie feis. Mais mon
frere luy ayant fait accroire que ie
ne voulois point de ce mariage, elle m'en parla le ſoir m'en deman-
dant ma volonté, penſant bien en
cela trouuer vn ſujet pour ſe courroucer à moy. Ie luy dis que ma
volonté n'auoit iamais dependu
que de la ſienne, & que tout ce qui
luy feroit agreable me le feroit auſ-

ſi. Elle me diſt en cholere, comme l'on l'y auoit diſpoſée, que ce que ie diſois ie ne l'auois point dans le cœur, & qu'elle ſçauoit bien que le Cardinal de Lorraine m'auoit perſuadée de vouloir pluſtoſt ſon neueu. Ie la ſuppliay de venir à l'effet du mariage du Roy de Portugal, & lors elle verroit mon obeïſſance. Tous les iours on luy diſoit quelque choſe de nouueau ſur ce ſujet, pour l'aigrir contre moy & me tourmenter ; inuentions de la boutique de du Guaſt. De ſorte que ie n'auois vn iour de repos ; car d'vn coſté le Roy d'Eſpagne empeſchoit que mon mariage ne ſe feit, & de l'autre Monſieur de Guiſe eſtant à la Cour ſeruoit touſiours de pretexte pour fournir de ſujet à me faire perſecuter, bien que luy

ny nul de ſes parens ne m'euſt iamais parlé, & qu'il y euſt plus d'vn
an qu'il auoit commencé la recherche de la Princeſſe de Porcian.
Mais parce que ce mariage-là traiſ-
noit, on en rejettoit touſiours la
cauſe ſur ce qu'il aſpiroit au mien.
Ce que voyant, ie m'aduiſay d'eſ-
crire à ma ſœur Madame de Lorraine, qui pouuoit tout en cette
maiſon-là, pour la prier de faire
que Monſieur de Guiſe s'en allaſt
de la Cour, & qu'il eſpouſaſt
promptement la Princeſſe de Porcian ſa maiſtreſſe; luy repreſentant
que cette inuention auoit eſté faite
autant pour la ruine de Monſieur
de Guiſe & de toute ſa maiſon que
pour la mienne. Ce qu'elle recognuſt tres-bien, & vinſt bien toſt à
la Cour, où elle feit faire ledit ma-

riage ; me deliurant par ce moyen
de cette calomnie , & faisant cognoistre à la Roine ma mere la verité de ce que ie luy auois tousiours
dit. Ce qui ferma la bouche à tous
mes ennemis , & me donna repos.
Cependant le Roy d'Espagne , qui
ne veut que les siens s'allient hors
de sa maison, rompit tout le mariage du Roy de Portugal , & ne s'en
parla plus. Quelques iours aprez
il se parla du mariage du Prince de
Nauarre , qui maintenant est nostre braue & magnanime Roy , &
de moy. La Roine ma mere estant
vn iour à table en parla fort long
temps auec Monsieur de Meru,
parce que la maison de Montmo-
rancy estoient ceux qui en auoient
porté les premieres parolles. Sortant de table il me dit qu'elle luy

auoit dit de m'en parler. Ie luy
dis que c'eſtoit choſe ſuperfluë,
n'ayant volóté que la ſienne. Qu'à
la verité ie la ſupplierois d'auoir eſ-
gard combien i'eſtois Catholique,
& qu'il me faſcheroit fort d'eſpouſer perſonne qui ne fuſt de ma religion. Aprez la Roine allant à ſon
cabinet m'appella , & me diſt que
Meſſieurs de Montmorency luy
auoient propoſé ce mariage , &
qu'elle en vouloit bien ſçauoir ma
volonté. Ie luy reſpondis n'auoir
ny volóté ny eſlection que la ſienne, & que ie la ſuppliois ſe ſouuenir que i'eſtois fort Catholique.
Au bout de quelque temps les propos s'en continuants touſiours , la
Roine de Nauarre ſa mere vint à la
Cour , où le mariage fuſt du tout
accordé auant ſa mort ; à laquelle

il se passa vn trait si plaisant, qui ne
merite d'estre mis en l'histoire,
mais de le passer sous silence entre
vous & moy. Madame de Neuers,
de qui vous cognoissez l'humeur,
estát venuë auec Monsieur le Cardinal de Bourbon , Madame de
Guise , Madame la Princesse de
Condé , ses sœurs & moy au logis
de la feuë Roine de Nauarre à Paris, pour nous acquiter du dernier
deuoir deu à sa dignité & à la pro-
ximité que nous luy auions , non
auec les pompes & ceremonies de
nostre religion , mais auec le petit
appareil que permettoit la Huguenoterie ; à sçauoir elle dans son lit
ordinaire les rideaux ouuerts, sans
lumiere, sans Prestres , sans croix
& sans eau beniste , & nous nous
tenans à cinq ou six pas de son lit

auec le reſte de la compagnie, Madame de Neuers qu'en ſon viuant
elle auoit haïe plus que toutes les
perſonnes du monde, & elle le luy
ayant bien rendu & de volonté &
de parolle , comme vous ſçauez
qu'elle en ſçauoit bien vſer à ceux
qu'elle haïſſoit , part de noſtre
trouppe , & auec pluſieurs belles,
humbles , & grandes reuerences
s'approche de ſon lit , & luy prenant la main la luy baiſe ; puis auec
vne grande reuerence pleine de
reſpect ſe meit auprez de nous.
Nous qui ſçauions leur haine, eſti-
mans cela . . . .

Quelques mois aprez ledit Prince de Nauarre, qui lors s'appelloit
Roy de Nauarre , portant le dueil
de la Roine ſa mere, y vint accompagné de huict cens Gentils-hom-

mes tous en dueil, qui fuſt receu du
Roy & de toute la Cour auec beaucoup d'honneur ; & nos nopces ſe
feirent peu de iours aprez auec autant de triomphe & de magnifi-
cence que de nul autre de ma qualité ; le Roy de Nauarre & ſa
trouppe y ayants laiſſé & changé le
dueil en habits tres-riches & beaux,
& toute la Cour parée comme
vous ſçauez , & le ſçaurez trop
mieux repreſenter ; moy habillée à
la royalle auec la Couronne &
Couët d'hermine mouchetée qui
ſe met au deuant du corps, toute
brillante des pierreries de la Couronne, & le grand manteau bleu à
quatre aulnes de queuë portée par
trois Princeſſes ; les eſchaffaux
dreſſez à la couſtume des nopces
des filles de France depuis l'Eueſ-
ché

ché iuſques à noſtre Dame, & pa-
rez de drap d'or ; le peuple s'eſtouf-
fant en bas à regarder paſſer ſur cet
eſchaffaut les nopces & toute la
Cour , nous vinſmes à la porte de
l'Egliſe, où Monſieur le Cardinal
de Bourbon qui faiſoit l'office ce
iour-là, nous ayant receu pour dire
les parolles accouſtumées en tel
cas , nous paſſaſmes ſur le meſme
eſchaffaut iuſques à la tribune qui
ſepare la nef d'auec le chœur, où il
ſe trouua deux degrez , l'vn pour
deſcendre audit chœur , & l'autre
pour ſortir de la nef hors de l'Egliſe. Le Roy de Nauarre s'en allant
par celuy de la nef hors de l'Egliſe ....
Nous eſtans ainſi , la fortune qui
ne laiſſe iamais vne felicité entiere
aux humains , changea bien toſt

D

cet heureux eſtat de triomphe &
de nopces en vn tout contraire, par
cette bleſſure de l'Admiral, qui of-
fença tellement tous ceux de la religion que cela les meit comme en
vn deſeſpoir.   De ſorte que l'aiſné
Pardaillan & quelques autres des
chefs des Huguenots en parlerent
ſi haut à la Roine ma mere , qu'ils
luy firent penſer qu'ils auoient
quelque mauuaiſe intention. Par
l'aduis de Monſieur de Guiſe & de
mon frere le Roy de Pologne, qui
depuis a eſté Roy de France, il fuſt
pris reſolution de les preuenir.
Conſeil dequoy le Roy Charles ne
fuſt nullement , lequel affectionnoit Monſieur de la Rochefoucault, Teligny , la Nouë , & quelques autres des chefs de la religion,
deſquels il ſe penſoit ſeruir en Flã-

dre. Et, à ce que ie luy ay depuis ouy dire à luy-mefme , il y euft beaucoup de peine à l'y faire con-fentir ; & fans ce qu'on luy fit en-tendre qu'il y alloit de fa vie & de fon Eftat, il ne l'euft iamais fait. Et ayant fceu l'attentat que Maureuel auoit fait à Monfieur l'Admiral du coup de piftolet qu'il luy auoit ti-ré par vne feneftre, dont le penfant tuer il refta feulement bleffé à l'ef-paule , le Roy Charles fe doutant bien que ledit Maureuel auoit fait ce coup à la fuafion de Monfieur de Guife , pour la vengeance de la mort de feu Monfieur de Guife fon pere que ledit Admiral auoit fait tuer de mefme façon par Pol-trot , il en fuft en fi grande cholere contre Monfieur de Guife , qu'il iura qu'il en feroit iuftice. Et fi

Monſieur de Guiſe ne ſe fuſt tenu
caché tout ce iour-là, le Roy l'euſt
fait prendre. Et la Roine mere ne
ſe veit iamais plus empeſchée qu'à
faire entendre audit Roy Charles
que cela auoit eſté fait pour le bien
de ſon Eſtat, à cauſe de ce que i'ay
dit cy deſſus de l'affectió qu'il auoit
à Monſieur l'Admiral, à la Nouë,
& à Teligny, deſquels il gou-
ſtoit l'eſprit & valeur, eſtant Prince ſi genereux qu'il ne s'affectionnoit qu'à ceux en qui il recognoiſ-
ſoit telles qualitez. Et bien qu'ils
euſſent eſté tres-pernicieux à ſon
Eſtat, les renards auoient ſceu ſi
bien feindre qu'ils auoient gaigné
le cœur de ce braue Prince, pour
l'eſperance de ſe rendre vtiles à l'accroiſſement de ſon Eſtat, & en luy
propoſant de belles & glorieuſes

entreprifes en Flandre ; feul attrait
de cette ame grande & royalle. De
forte que combien que la Roine
ma mere luy reprefentaft en cet ac-
cidét que l'affaffinat que l'Admiral
auoit fait faire à Monfieur de Guife rendoit excufable fon fils , fi n'a-
yant peu auoir iuftice il en auoit
voulu prendre luy-mefme vengeance ; qu'auffi l'affaffinat qu'a-
uoit fait ledit Admiral de Charry
Maiftre de camp de la garde du
Roy, perfonne fi valeureufe, & qui
l'auoit fi fidellement affiftée pendant fa Regence & la puerilité dudit Roy Charles , le rendoit digne
de tel traittement ; bien que telles
parolles peuffent faire iuger au
Roy Charles que la vengeance de
la mort dudit Charry n'eftoit pas
fortie du cœur de la Roine ma me-

D iij

re, son ame passionnée de douleur
de la perte des personnes qu'il pensoit, comme j'ay dit, luy estre vn
iour vtiles offusqua tellement son
jugement, qu'il ne pûst moderer
ny changer ce passionné desir d'en
faire iustice ; commandant tousiours qu'on cherchast Monsieur
de Guise, qu'on le prist, & qu'il ne
vouloit point qu'vn tel acte de-
meurast impuny. En fin comme
Pardaillan descouurist par ses menaces au soupper de la Roine ma
mere la mauuaise intétion des Huguenots, & que la Roine vist que
cet accident auoit mis les affaires
en tels termes, que si l'on ne preue-
noit leur dessein la nuit mesme ils
attenteroient contre le Roy & elle;
elle prist resolution de faire ouuer-
tement entendre audit Roy Char-

les la verité de tout, & le danger où
il eſtoit par Monſieur le Mareſchal
de Rais, de qui elle ſçauoit qu'il le
prendroit mieux que de tout autre, comme celuy qui luy eſtoit
plus confident & plus fauoriſé de
luy; lequel le vinſt trouuer en ſon
cabinet le ſoir ſur les neuf ou dix
heures, & luy dit que comme ſon
ſeruiteur tres-fidelle il ne luy pouuoit celer le danger où il eſtoit s'il
continuoit en la reſolution qu'il
auoit de faire iuſtice de Monſieur
de Guiſe, & qu'il falloit qu'il ſceuſt
que le coup qui auoit eſté fait de
l'Admiral n'auoit eſté par Monſieur de Guiſe ſeul, mais que mon
frere le Roy de Pologne, depuis
Roy de France, & la Roine ma
mere auoient eſté de la partie; Qu'il
ſçauoit l'extréme deſplaiſir que la
D iiij

Roine ma mere receuſt à l'aſſaſſinat de Charry , comme elle en
auoit tres-grande raiſon , ayant
lors peu de tels ſeruiteurs qui ne
dependiſſent que d'elle , eſtant,
comme il ſçauoit , du temps de ſa
puerilité toute la France partie, les
Catholiques pour Monſieur de
Guiſe , & les Huguenots pour le
Prince de Condé , tendans les vns
& les autres à luy oſter ſa Couronne, qui ne luy auoit eſté conſeruée,
aprez Dieu , que par la prudence &
vigilance de la Roine ſa mere, qui
en cette extrémité ne s'eſtoit trouuée plus fidellement aſſiſtée que
dudit Charry ; Que dés lors il ſçauoit qu'elle auoit iuré de ſe venger
dudit aſſaſſinat ; Qu'auſſi voyoit
elle que ledit Admiral ne ſeroit iamais que tres - pernicieux en cet

Eftat , & quelque apparence qu'il
fift de luy auoir de l'affection & de
vouloir feruir fa Majefté en Flandre, qu'il n'auoit autre deffein que
de troubler la France; Que fon deffein d'elle n'auoit efté en cet affaire
que d'ofter cette pefte de ce Royaume , l'Admiral feul ; mais que le
malheur auoit voulu que Maureuel auoit failly fon coup, & que les
Huguenots en eftoient entrez en
tel defefpoir, que ne s'en prenants
pas feulement à Monfieur de Guife , mais à la Roine fa mere & au
Roy de Pologne fon frere , ils
croyoient auffi que luy-mefme en
fuft confentant, & auoient refolu
de recourir aux armes la nuict mefme. De forte qu'il voyoit fa Majefté en vn tres-grand danger, fuft
ou des Catholiques à caufe de

Monſieur de Guiſe, ou des Huguenots pour les raiſons ſuſdites.
Le Roy Charles , qui eſtoit tres-
prudent, & qui auoit eſté touſiours
tres-obeïſſant à la Roine ma mere,
& Prince tres-Catholique, voyant
auſſi dequoy il y alloit , priſt ſoudain reſolution de ſe ioindre à la
Roine ſa mere, & ſe conformer à
ſa volonté, & garantir ſa perſonne
des Huguenots par les Catholiques ; non ſans toutefois extréme
regret de ne pouuoir ſauuer Teligny, la Nouë , & Monſieur de la
Rochefoucault. Et lors allant trouuer la Roine ſa mere, enuoya querir Monſieur de Guiſe & tous les
autres Princes & Capitaines Catholiques , où fuſt pris reſolution
de faire la nuiɔt meſme le maſſacre
de la ſainɔt Barthelemy. Et met-

tants soudain la main à l'œuure, toutes les chesnes renduës & le tocsin sonnant, chacun courut sus en son quartier, selon l'ordre donné, tant à l'Admiral qu'à tous les Huguenots. Monsieur de Guise donna au logis de l'Admiral, à la chambre duquel Besme Gentilhomme Allemand estant monté, aprez l'auoir dagué le ietta par les fenestres à son maistre Monsieur de Guise. Pour moy, l'on ne me disoit rien de tout cecy. Ie voyois tout le monde en action; les Huguenots desesperez de cette blessure; Messieurs de Guise craignans qu'on n'en voulust faire iustice se suchetans tous à l'oreillle. Les Huguenots me tenoient suspecte parce que i'estois Catholique, & les Catholiques parce que i'auois es-

pousé le Roy de Nauarre qui eſtoit
Huguenot. De ſorte que perſonne ne m'en diſoit rien, iuſques au
ſoir qu'eſtát au coucher de la Roine ma mere aſſiſe ſur vn coffre auprés de ma ſœur de Lorraine que
ie voyois fort triſte, la Roine ma
mere parlant à quelques vns m'apperceuſt, & me diſt que ie m'en allaſſe coucher. Comme ie faiſois la
reuerence, ma ſœur me prend par
le bras & m'arreſte, & ſe prenant
fort à pleurer me dit; Mon Dieu
ma ſœur n'y allez pas. Ce qui m'ef-
fraya extrémement. La Roine ma
mere s'en apperceut, & appellant
ma ſœur ſe courrouça fort à elle &
luy deffendit de me rien dire. Ma
ſœur luy dit qu'il n'y auoit point
d'apparence de m'enuoyer ſacrifier
comme cela, & que ſans doute s'ils

voyoient quelque chose qui em-
peschaft l'effet ....
Ie voyois bien qu'ils se conteftoiét
& n'entendois pas leurs parolles.
Elle me commanda encore rudement que ie m'en allaffe coucher.
Ma sœur fondant en larmes me
dist bon-soir, sans m'oser dire autre chose; & moy ie m'en allay toute tranffie & esperduë , sans me
pouuoir imaginer ce que i'auois à
craindre.   Soudain que ie fus en
mon cabinet , ie me meits à prier
Dieu qu'il luy plûst me prendre en
sa protection, & qu'il me gardaft,
sans sçauoir de quoy ny de qui. Sur
cela le Roy mon mary qui s'eftoit
mis au lit, me manda que ie m'en
allaffe coucher. Ce que ie feis, &
trouuay son lit entourné de trente
ou quarante Huguenots que ie ne

cognoiſſois point encore ; car il y
auoit fort peu de temps que i'eſtois
mariée. Toute la nuiĉt ils ne firent
que parler de l'accident qui eſtoit
aduenu à Monſieur l'Admiral, ſe
reſoluants dés qu'il ſeroit iour de
demander iuſtice au Roy de Monſieur de Guiſe , & que ſi on ne la
leur faiſoit , ils ſe la feroient eux-
meſmes.   Moy i'auois touſiours
dás le cœur les larmes de ma ſœur,
& ne pouuois dormir pour l'ap-
prehenſion en laquelle elle m'a-
uoit miſe ſans ſçauoir de quoy. La
nuiĉt ſe paſſa de cette façon ſans
fermer l'œil. Au point du iour le
Roy mon mary dit qu'il vouloit
aller ioüer à la paume attendant
que le Roy Charles fuſt eſueillé, ſe
reſoluant ſoudain de luy demander iuſtice. Il ſort de ma chambre,

& tous ſes Gentils-hommes auſſi.
Moy voyant qu'il eſtoit iour, eſtimant que le danger que ma ſœur
m'auoit dit fuſt paſſé, vaincuë du
ſommeil ie dis à ma nourrice qu'elle fermaſt la porte pour póuuoir
dormir à mon aiſe.   Vne heure
aprez, comme i'eſtois le plus endormie, voicy vn homme frappant
des pieds & des mains à la porte,
& criant ; Nauarre, Nauarre. Ma
nourrice penſant que ce fuſt le
Roy mon mary, court viſtement à
la porte.   Ce fuſt vn Gentil-homme nommé Monſieur de Tejan,
qui auoit vn coup d'eſpée dans le
coude & vn coup de hallebarde
dans le bras, & eſtoit encores pour-
ſuiuy de quatre archers qui entre-
rent tous aprez luy en ma chambre. Luy ſe voulant garantir ſe iet-

ta deſſus mon lit. Moy ſentant ces hommes qui me tenoient, ie me iette à la ruelle, & luy aprez moy, me tenant iouſiours à trauers du corps. Ie ne cognoiſſois point cet homme, & ne ſçauois s'il venoit là pour m'offenſer, ou ſi les archers en vouloient à luy ou à moy. Nous crions tous deux, & eſtions auſſi effrayez l'vn que l'autre. En fin Dieu voulut que Monſieur de Nançay Capitaine des gardes y vinſt, qui me trouuant en cet eſtat là, encor qu'il y euſt de la compaſ-ſion, ne ſe pûſt tenir de rire; & ſe courrouça fort aux archers de cette indiſcretion, les fit ſortir, & me donna la vie de ce pauure homme qui me tenoit, lequel ie feis cou-cher & penſer dans mon cabinet iuſques à tant qu'il fuſt du tout guery.

guery. Et changeant de chemife, parce qu'il m'auoit toute couuerte de fang, Monfieur de Nançay me conta ce qui fe paffoit, & m'affeura que le Roy mon mary eftoit dans la chambre du Roy , & qu'il n'auroit nul mal. Et me faifant ietter vn manteau de nuiƈt fur moy il m'emmena dans la chambre de ma fœur Madame de Lorraine, où i'arriuay plus morte que viue , & entrant dans l'antichambre, de laquelle les portes eftoient toutes ouuertes, vn Gentil-hóme nommé Bourfe fe fauuant des archers qui le pourfuiuoient, fuft percé d'vn coup de halebarde à trois pas de moy. Ie tombay de l'autre cofté prefque efuanouïe entre les bras de Monfieur de Nançay , & penfois que ce coup nous euft percez tous

E

deux. Et eſtant quelque peu remiſe, i'entray en la petite chambre où
couchoit ma ſœur. Comme i'eſtois
là, Monſieur de Mioſſans premier
Gentil-homme du Roy mon mary, & Armagnac ſon premier val-
let de chambre m'y vindrent trouuer pour me prier de leur ſauuer la
vie. Ie m'allay ietter à genoux deuant le Roy & la Roine ma mere
pour les leur demander ; ce qu'en
fin ils m'accorderent. Cinq ou ſix
iours aprez ceux qui auoient commencé cette partie cognoiſſants
qu'ils auoient failly à leur principal
deſſein , n'en voulant point tant
aux Huguenots qu'aux Princes du
ſang , portoient impatiemment
que le Roy mon mary & le Prince
de Condé fuſſent demeurez. Et
cognoiſſants qu'eſtant mon mary

nul ne voudroit attenter contre
luy , ils ourdirent vne autre trame.
Ils vont perſuader à la Roine ma
mere qu'il me falloit demarier. En
cette reſolution , eſtant allée vn
iour de feſte à ſon leuer que nous
deuions faire nos Paſques, elle me
prend à ſerment de luy dire verité,
& me demanda ſi le Roy mon mary eſtoit homme, me diſant que ſi
cela n'eſtoit elle auoit moyen de
me demarier. Ie la ſuppliay de croire que ie ne me cognoiſſois pas en
ce qu'elle me demandoit (auſſi
pouuois-ie dire alors comme cette
Romaine, à qui ſon mary ſe courrouçant de ce qu'elle ne l'auoit aduerty qu'il auoit l'haleine mauuaiſe, luy reſpondit qu'elle croyoit
que tous les hommes l'euſſent ſemblable , ne s'eſtant iamais appro-

chée d'autre homme que de luy)
mais quoy que ce fuſt, puis qu'elle
m'y auoit miſe i'y voulois demeurer; me doutant bien que ce qu'on
vouloit m'en ſeparer eſtoit pour
luy faire vn mauuais tour.

Nous accompagnaſmes le Roy
de Pologne iuſques à Beaumont,
lequel quelques mois auant que
partir de France s'eſſaya par tous
moyens de me faire oublier les
mauuais offices de ſon ingratitude,
& de remettre noſtre amitié en la
meſme perfection qu'elle auoit
eſté en nos premiers ans, m'y voulant obliger par ſerment & pro-
meſſes en me diſant à Dieu. Sa ſor-
tie de France, & la maladie du
Roy Charles, qui commença preſque en meſme temps, eſueilla l'eſprit des deux partis de ce Royau-

me, faisants diuers projets sur cet
Estat. Les Huguenots ayants à la
mort de l'Admiral fait obliger par
escrit signé le Roy mon mary &
mon frere d'Alençon à la vengeance de cette mort (ayants gaigné auant la sainct Barthelemy
mondit frere sous l'esperance de
l'establir en Flandre) leur persua-
dent comme le Roy & la Roine
ma mere reuiendroient en France
de se desrober passant en Champagne, pour se ioindre à certaines
trouppes qui les deuoient venir
prendre là. Monsieur de Mios-
sans Gentil-homme Catholique
ayant aduis de cette entreprise, qui
estoit pernicieuse au Roy son maistre, m'en aduertit pour empescher
le mauuais effet qui eust apporté
tant de maux à eux & à cet Estat.

E .iij

Soudain i'allay trouuer le Roy &
la Roine ma mere , & leur dis
que i'auois chofe à leur communiquer qui leur importoit fort, &
que ie ne la leur dirois iamais qu'il
ne leur pleuft me promettre que
cela ne porteroit aucun preiudice à
ceux que ie leur nommerois , &
qu'ils y remedieroient fans faire
femblant de rien fçauoir. Lors ie
leur dis que mon frere & le Roy
mon mary s'en deuoient le lendemain aller à des trouppes de Huguenots qui les venoiét chercher à
caufe de l'obligation qu'ils auoiét
faite à la mort de l'Admiral , qui
eftoit bien excufable par leurs enfans ; & que ie les fuppliois leur
pàrdonner , & fans leur en monftrer nulle apparence leur empefcher de s'en aller. Ce qu'ils m'ac-

corderent ; & fuſt l'affaire conduit
par telle prudence, que ſans qu'ils
pûſſent ſçauoir d'où leur venoit
cet empeſchement ils n'eurent iamais moyen d'eſchapper. Cela
eſtát paſſé nous arriuaſmes à ſainct
Germain, où nous feiſines vn grád
ſeiour à cauſe de la maladie du
Roy. Durant lequel temps mon
frere d'Alençon employoit toutes
ſortes de recherches & moyens
pour ſe rendre agreable à moy, à
fin que ie luy voüaſſe amitié, comme i'auois fait au Roy Charles.
Car iuſques alors , pource qu'il
auoit eſté touſiours nourry hors de
la Cour , nous ne nous eſtions pas
gueres veuz, & n'auions pas grande familiarité. En fin m'y voyant
conuiée par tant de ſubmiſſions &
de ſujections & d'affection qu'il

E iiij

me tefmoignoit , ie me refolus de
l'aimer & embraffer ce qui le con-
cerneroit ; mais toutefois auec telle condition, que ce feroit fans preiudice de ce que ie deuois au Roy
Charles mon bon frere , que i'honorois fur toutes chofes. Il me
continua cette bien - vueillance,
me l'ayant tefmoignée iufques à fa
fin.

Durant ce temps la maladie du
Roy Charles augmentant toufiours , les Huguenots ne ceffoient
iamais de rechercher des nouuelletez , pretendants encor de retirer
mon frere le Duc d'Alençon & le
Roy mon mary de la Cour. Ce qui
ne vint à ma cognoiffance comme
la premiere fois. Mais toutefois
Dieu permit que la mefche fe defcouurit à la Roine ma mere, fi prez

de l'effet, que les trouppes des Huguenots deuoient arriuer ce iour
là auprez de sainct Germain. Nous
fusmes contraints de partir deux
heures aprez minuit, & mettre le
Roy Charles dás vne littiere pour
gaigner Paris; la Roine ma mere
mettant dans son chariot mon frere & le Roy mon mary, qui cette fois ne furent traittez si douce-
ment que l'autre.　Car le Roy s'en
alla au bois de Vincennes, d'où il
ne leur permit plus de sortir.　Et le
temps augmentant tousiours l'aigreur de ce mal, produisoit tousiours des nouueaux aduis au Roy
pour accroistre la messiáce & mescontentement qu'il auoit d'eux;
en quoy les artifices de ceux qui
auoient tousiours desiré la ruine de
nostre maison luy aidoient, com-

me ie croy , beaucoup. Ces mef-
fiances paſſerent ſi auant que Meſſieurs les Mareſchaux de Mont-
morancy & de Coſſé en furent re-
tenus priſonniers au bois de Vincennes, & la Mole & le Comte de
Coconas en pâtirent de leur vie.
Les choſes en vindrent à tels termes que l'on deputa des Commiſ-
ſaires de la Cour de Parlemét pour
ouïr mon frere & le Roy mon mary , lequel n'ayant lors perſonne
de conſeil auprez de luy me commanda de dreſſer par eſcrit ce qu'il
auoit à reſpondre, à fin que par ce
qu'il diroit il ne miſt ny luy ny perſonne en peine. Dieu me fiſt la
grace de le dreſſer ſi bien qu'il en
demeura ſatisfait, & les Commiſ-
ſaires eſtonnez de le voir ſi bien
preparé. Et voyant que par la mort

de la Mole & du Comte de Coconas ils ſe trouuoient chargez en
ſorte que l'on craignoit de leur vie,
ie me reſolus (encor que ie fuſſe ſi
bien auprez du Roy qu'il n'aimoit
rien tant que moy) pour leur ſauuer la vie de perdre ma fortune;
ayant deliberé, comme ie ſortois &
entrois librement en coche ſans
que les gardes regardaſſent dedans
ny que l'on feit oſter le maſque à
mes femmes , d'en deſguiſer l'vn
d'eux en femme , & le ſortir dans
ma coche. Et pource qu'ils eſtoiét
trop eſclairez des gardes , & qu'il
ſuffiſoit qu'il y en eut vn d'eux dehors pour aſſeurer la vie de l'autre,
iamais ils ne ſe pûrent accorder lequel c'eſt qui ſortiroit , chacun
voulant eſtre celuy-là , & ne voulant demeurer. De ſorte que ce

deſſein ne ſe pûſt executer. Mais
Dieu y remedia par vn moyen bien
miſerable pour moy. Car il me priua du Roy Charles, tout l'appuy
& ſupport de ma vie, vn frere duquel ie n'auois receu que bien, &
qui en toutes les perſecutions que
mon frere d'Anjou m'auoit faites à
Angers m'auoit touſiours aſſiſtée,
& aduertie, & conſeillée. Bref ie
perdis en luy tout ce que ie pouuois perdre. Aprez ce deſaſtre, malheureux pour la France & pour
moy, nous allaſmes à Lyon au deuant du Roy de Pologne, lequel
poſſedé encore par le Guaſt rendiſt
de meſmes cauſes meſmes effets, &
croyant aux aduis de ce pernicieux
eſprit, qu'il auoit laiſſé en France
pour maintenir ſon party, conceut
vne extréme jalouſie contre mon

frere d'Alençon, ayant pour suf-
pecte & portant impatiemment
l'vnion de luy & du Roy mon mary, eftimant que i'en fuffe le lien &
le feul moyen qui maintenoit leur
amitié, & que les plus propres expedients pour les diuifer eftoient
d'vn cofté de me broüiller & mettre en mauuais mefnage auec le
Roy mon mary, & d'autre de faire
que Madame de Sauue, qu'ils fer-
uoient tous deux, les mefnageaft
tous deux de telle façon qu'ils en-
traffent en extréme jaloufie l'vn de
l'autre. Cet abominable deffein,
fource & origine de tant d'ennuis,
de trauerfes, & de maux que mon
frere & moy auós depuis foufferts,
fuft pourfuiuy auec autant d'animofité, de rufes, & d'artifices qu'il
auoit efté pernicieufement inuen-

té. Quelques vns tiennent que Dieu a en particuliere protection les grands, & qu'aux esprits où il reluit quelque excelléce non commune, il leur donne par des bons genies quelques secrets aduertissements des accidents qui leur sont preparez ou en bien ou en mal; comme à la Roine ma mere, que iustement l'on peut mettre de ce nombre, il s'en est veu plusieurs exemples. Mesme la nuit deuant la miserable course elle songea que elle voyoit le feu Roy mon pere blessé en l'œil, comme il fust; & estant esueillée elle le supplia plusieurs fois de ne vouloir point courir ce iour-là, & vouloir se conter de voir le plaisir du tournois sans en vouloir estre. Mais l'ineuitable destinée ne permist tant de

bien à ce Royaume qu'il pûst receuoir cet vtile conseil. Elle n'a aussi
iamais perdu aucun de ses enfans
qu'elle n'aye veu vne fort grande
flamme, à laquelle soudain elle s'es-
crioit ; Dieu garde mes enfans : &
incontinent aprez elle entendoit la
triste nouuelle qui par ce feu luy
auoit esté augurée. En sa maladie
de Metz, où par vne fiéure pestilen-
tielle & le charbon elle fust à l'extrémité , qu'elle auoit prise allant
visiter les religions des femmes,
comme il y en a beaucoup en cette
ville-là, lesquelles auoient esté depuis peu infectées de cette contagion ; de quoy elle fust garantie
miraculeusement, Dieu l'a redon-
nant à cet Estat qui en auoit encor
tant de besoin , par la diligence de
Monsieur Castelan son Medecin,

qui nouueau Esculape feit lors vne
signalée preuue de l'excellence de
son art. Elle resuant, & estant assistée autour de son lict du Roy
Charles mon frere, & de ma sœur
& mon frere de Lorraine, de plusieurs Messieurs du Conseil, & de
force Dames & Princesses , qui la
tenants comme hors d'esperance
ne l'abandonnoient point, s'escrie
continuant ses resueries, comme si
elle eut veu donner la bataille de
Iarnac ; Voyez comme ils fuyent;
Mon fils à la victoire ; Hé mon
Dieu releuez mon fils, il est par terre ; Voyez-vous dans cette haye le
Prince de Condé mort. Tous ceux
qui estoient-là croyoient qu'elle
resuoit, & que sçachant que mon
frere d'Anjou estoit en terme de
donner la bataille elle n'eust que
cela

cela en teſte. Mais la nuiὃt aprez
Monſieur de Loſſes luy en appor-
tant la nouuelle, comme choſe tres-
deſirée, en quoy il penſoit beaucoup meriter ; Vous eſtes faſcheux,
luy dit-elle , de m'auoir eſueillée
pour cela ; ie le ſçauois bien ; Ne
l'auois- ie pas veu deuant - hyer?
Lors on recognuſt que ce n'eſtoit
point reſuerie de la fiéure, mais vn
aduertiſſemét particulier que Dieu
donne aux perſonnes illuſtres &
rares. L'hiſtoire nous en fournit
tant d'exemples aux anciens Payés,
comme le fantoſme de Brutus, &
pluſieurs autres, que ie ne deſcriray,
n'eſtant mon intention d'orner
ces Memoires, ains ſeulement nar-
rer la verité, & les aduancer promptement, à fin que pluſtoſt vous
les receuiez. De ces diuins aduer-

F

tiſſemens ie ne me veux eſtimer digne ; toutefois pour ne me taire
comme ingrate des graces que i'ay
receuës de Dieu , que ie dois &
veux confeſſer toute ma vie , pour
luy en rendre graces , & que chacun le loüe aux merueilles des effets de ſa puiſſance, bonté, & miſericorde qu'il luy a plû faire en moy,
i'aduoüeray n'auoir iamais eſté
proche de quelques ſignalez accidents, ou ſiniſtres ou heureux, que
ie n'en aye eu quelque aduertiſſe-
ment, ou en ſonge ou autrement:
& puis bien dire ce vers,

> *De mon bien ou mon mal mon*
> *eſprit m'eſt oracle.*

Ce que i'eſpreuuay lors de l'arriuée
du Roy de Pologne, la Roine ma
mere eſtant allée au deuant de luy.
Cependant qu'ils s'embraſſoient

& faiſoient les reciproques bien-
venuës , bien que ce fuſt en vn
temps ſi chaud qu'en la preſſe où
nous eſtions on s'eſtouffoit , il me
prit vn friſſon ſi grand auec vn
tremblement ſi vniuerſel , que celuy qui m'aidoit s'en apperceut.
I'eus beaucoup de peine à le cacher
quand aprez auoir laiſſé la Roine
ma mere le Roy vinſt à me ſalüer.
Cet augure me toucha au cœur;
toutefois il ſe paſſa quelques iours
ſans que le Roy deſcouuriſt la haine & le mauuais deſſein que le ma-
licieux Guaſt luy auoit fait conce-
uoir contre moy , par le rapport
qu'il luy auoit fait que' depuis la
mort du Roy i'auois tenu le party
de mon frere d'Alençon en ſon abſence , & l'auois fait affectionner
au Roy mon mary. Parquoy eſ-

piant touſiours vne occaſion pour
paruenir à l'intention predite de
rompre l'amitié de mon frere d'A-
lençon & du Roy mon mary , en
nous mettant en mauuais meſna-
ge le Roy mon mary & moy,& les
broüillant tous deux ſur le ſujet de
la jalouſie de leur commun amour
de Madame de Sauue, vne apreſdiſnée la Roine ma mere eſtant entrée en ſon cabinet pour faire quelques longues deſpeſches, Madame
de Neuers voſtre couſine, Madame de Rais auſſi voſtre couſine,
Bourdeille,& Surgeres me demanderent ſi ie me voulois aller prome-
ner à la ville. Sur cela Madamoiſelle de Montigny, niece de Madame d'Vſez , nous dit que l'Ab-
baye de ſainct Pierre eſtoit vne
fort belle religion. Nous nous re-

folufmes d'y aller. Elle nous pria qu'elle vinft auec nous, parce qu'elle y auoit vne tante, & que l'entrée n'y eft pas libre finon qu'auec les grandes. Elle y vinft; & comme nous montions en chariot, encor qu'il fuft tout plein de nous fix, & de Madame de Curton , Dame d'hóneur qui alloit toufiours auec moy, Liancourt premier Efcuyer du Roy & Camille s'y trouuerent, qui fe ietterent fur les portieres du chariot de Torigny, où fe tenants comme ils peurent , & gauffants, comme ils eftoiét d'humeur bouffonne, dirent qu'ils vouloient venir voir ces belles Religieufes. La compagnie de Madamoifelle de Montigny, qui ne nous eftoit aucunement familiere, & d'eux deux, qui eftoient confidents du Roy,

F iij

fuſt, que ie croy, vne prouidence de
Dieu pour me garantir de la calomnie que l'on me vouloit impu-
ter. Nous allaſmes à cette religion,
& mon chariot, qui eſtoit aſſez re-
cognoiſſable pour eſtre doré, & de
velours iaune garny d'argent, nous
attendit à la place , autour de laquelle y auoit pluſieurs Gentils-
hommes logez. Pendant que nous
eſtions dans ſainct Pierre , le Roy
ayant ſeulement auec luy le Roy
mon mary, d'O , & le gros Ruffé,
s'en allant voir Quelus qui eſtoit
malade , paſſant par cette place &
voyant mon chariot vuide, ſe tourna vers le Roy mon mary & luy
dit ; Voyez, voila le chariot de voſtre femme, & voila le logis de Bi-
dé , qui eſtoit lors malade. (ainſi ſe
nommoit auſſi celuy qui a depuis

seruy voftre coufine) Ie gage, dit-
il, qu'elle y eft ; & commanda au
gros Ruffé, inftrument propre de
telle malice pour eftre amy de du
Guaft, d'y aller voir. Lequel n'y
ayant rien trouué , & ne voulant
toutefois que cette verité empef-
chaft le deffein du Roy , luy dit
tout haut deuant le Roy mon mary ; Les oifeaux y ont efté, mais ils
n'y font plus. Cela fuffift affez
pour donner fujet de s'entretenir
iufques au logis. Le Roy mon
mary tefmoignant en cela la bonté
& l'entendement de quoy il s'eft
toufiours monftré accompagné, &
deteftant en fon cœur cette malice, iugea aifément à quelle fin il
le faifoit. Et le Roy fe haftant de
retourner auant moy pour perfuader à la Roine ma mere cette in-

F iiij

uention, & m'en faire receuoir vn
affront, i'arriuay qu'il auoit eu tout
loiſir de faire ce mauuais effet , &
que meſme la Roine ma mere en
auoit parlé fort eſtrangement deuant des Dames, partie par creance, & partie pour plaire à ce fils qu'-
elle idolaſtroit.   Moy reuenant
aprez, ſans ſçauoir rien de tout cecy, i'allay deſcendre en ma chambre auec toute la trouppe ſuſdite
qui m'auoit accompagnée à ſainct
Pierre, & y trouuay le Roy mon
mary, qui ſoudain qu'il me vid ſe
priſt à rire, & me dit ; Allez chez la
Roine voſtre mere, & ie m'aſſeure
que vous en reuiendrez bien en
cholere.   Ie luy demanday pourquoy, & ce qu'il y auoit. Il me dit ;
Ie ne le vous diray pas, mais ſuffiſe
vous que ie n'en crois rien, & que

ce font inuentions pour nous broüiller vous & moy , penfant par ce moyen me feparer de l'amitié de Monfieur voftre frere. Voyát que ie n'en pouuois tirer autre chofe, ie m'en vais chez la Roine ma mere. Entrant en la falle ie trouuay Monfieur de Guife, qui preuoyant n'eftoit pas marry de la diuifion qu'il voyoit arriuer en noftre maifon , efperant bien que du vaiffeau brifé il en recueilliroit les pieces. Il me dit ; Ie vous attendois icy pour vous aduertir que la Roine vous a prefté vne dangereufe charité ; & me fit tout le difcours fufdit qu'il auoit appris de d'O, qui eftant lors fort amy de voftre coufine, l'auoit dit à Monfieur de Guife pour nous en aduertir. I'entray en la chambre de la Roine ma mere , où elle

n'eſtoit pas. Ie trouuay Madame
de Nemours , & toutes les autres
Princeſſes & Dames, qui me dirét;
Mon Dieu, Madame, la Roine voſtre mere eſt en ſi grande cholere
contre vous. Ie ne vous conſeille
pas de vous preſenter deuant elle.
Non, ce dis-ie, ſi i'auois fait ce que
le Roy luy a dit. Mais en eſtant du
tout innocente , il faut que ie luy
parle pour l'en eſclaircir. I'entray
dans ſon cabinet , qui n'eſtoit fait
que d'vne cloiſon de bois , de ſorte
que l'on pouuoit aiſément entendre tout ce qui ſe diſoit. Soudain
qu'elle me veit elle commença à
ietter feu , & dire tout ce qu'vne
cholere outrée & deſmeſurée peut
ietter dehors. Ie luy repreſentay
la verité , & que nous eſtions dix
ou douze, & la ſuppliay de s'en en-

querir , & ne croire pas celles qui m'estoiét amies & familieres, mais Madame de Montigny qui ne me hantoit point, & Liancourt & Camille qui ne dependoient que du Roy. Elle n'a point d'oreille pour la verité ny pour la raison, elle n'en veut point receuoir , fust ou pour estre preoccupée du faux , ou bien pour complaire à ce fils , que d'affection, de deuoir, d'esperance, & de crainte elle idolastroit, & ne cesse de tanser, crier, & menacer. Et luy disant que cette charité m'auoit esté prestée par le Roy , elle se met encor plus en cholere , me voulát faire croire que c'estoit vn sien valet de chambre qui passant par là m'y auoit veuë. Et voyant que cette couuerture estoit grossiere, que ie la receuois pour telle, & re-

ſtois infiniment offenſée du Roy,
cela la tourmentoit & eſguillon-
noit dauantage. Ce qui eſtoit ouy
de ſa chambre toute pleine de gés.
Sortant de là auec le deſpit que
l'on peut penſer, ie trouue en ma
chambre le Roy mon mary qui
me dit ; Et bien, n'auez-vous pas
trouué ce que ie vous auois dit ? Et
me voyant ſi affligée ; Ne vous
tourmentez pas de cela, dit-il,
Liancourt & Camille ſe trouue-
ront au coucher du Roy, qui luy
diront le tort qu'il vous a fait, &
m'aſſeure que demain la Roine voſtre mere ſera bien empeſchée à faire les accords. Ie luy dis ; Monſieur, i'ay receu vn affront trop public de cette calomnie pour par-
donner à ceux qui me l'ont cauſée;
mais toutes les iniures ne me ſont

rien au prix du tort qu'on m'a voulu faire me voulant procurer vn si
grand malheur que de me mettre
mal auec vous. Il me respondist;
Il s'y est Dieu mercy failly. Ie luy
dis;Ouy Dieu mercy & vostre bon
naturel. Mais de ce mal si faut-il
que nous en tirions vn bien , que
cecy nous serue d'aduertissement à
l'vn & à l'autre pour auoir l'œil ouuert à tous les artifices que le Roy
pourra faire pour nous mettre mal
ensemble. Car il faut croire puis
qu'il a ce dessein qu'il ne s'arrestera
pas à cestuy-cy, & ne cessera qu'il
n'ait rompu l'amitié de mon frere
& de vous. Sur cela mon frere arriua , & les feis par nouueau serment obliger à la continuation de
leur amitié. Mais quel serment
peut valoir en amour ? Le lende-

main matin vn Banquier Italien qui eſtoit ſeruiteur de mon frere, pria mondit frere , le Roy mon mary , & moy, & pluſieurs autres Princeſſes & Dames d'aller diſner en vn beau jardin qu'il auoit à la ville. Mais ayant touſiours gardé ce reſpect à la Roine ma mere, tant que i'ay eſté auprez d'elle fille & mariée , de n'aller en aucun lieu ſans luy en demander congé, ie l'allay trouuer en la ſalle reuenant de la Meſſe pour auoir ſa permiſſion d'aller à ce feſtin. Elle me faiſant vn refus public, dit que i'allaſſe où ie voudrois, qu'elle ne s'en ſoucioit pas. Si cet affront fuſt reſſenty d'vn courage comme le mien, ie le laiſſe à iuger à ceux qui comme vous ont cognu mon humeur. Pendant que nous eſtions en ce feſtin , le

Roy, qui auoit parlé à Liancourt,
à Camille, & à Madamoiſelle de
Montigny, cognuſt l'erreur où la
malice de Ruffé l'auoit fait tomber, & ne ſe trouuant moins en
peine à la rabiller qu'il auoit eſté
prompt à la receuoir & à la publier, venant trouuer la Roine ma
mere luy conceſſa le vray, & la pria
de rabiller cela en quelque façon
que ie ne luy demeuraſſe pas ennemie ; craignant fort, parce qu'il
me voyoit auoir de l'entendement,
que ie ne me ſceuſſe plus à propos
reuancher qu'il ne m'auoit ſceu of-
fencer. Reuenus que nous fuſmes
du feſtin, la prophetie du Roy
mon mary fuſt veritable. La Roine ma mere m'enuoya querir en
ſon cabinet de derriere, qui eſtoit
proche de celuy du Roy, où elle

me dit qu'elle auoit sceu la verité
de tout , & que ie luy auois dit
vray ; Qu'il n'estoit rien de tout ce
que le valet de chambre qui luy
auoit fait ce rapport luy auoit dit;
Que c'estoit vn mauuais homme,
& qu'elle le chasseroit. Et cognoissant à ma mine que ie ne receuois
pas cette couuerture , elle s'efforça
par tout moyen de m'oster l'opinion que ce fust le Roy qui me
prestoit cette charité.   Et voyant
qu'elle n'y auançoit rien , le Roy
entrant dans le cabinet m'en feit
force excuses , disant qu'on le luy
auoit fait accroire , & me faisant
toutes les satisfactions & demon-
strations d'amitié qui se pouuoient
faire. Cela passé , aprez auoir demeuré quelque temps à Lyon nous
allasmes en Auignon. Le Guast
n'osant

n'ofant plus inuenter de telles im-
poftures , & voyant que ie ne luy
dónois aucune prife en mes actiós
pour par la jaloufie me mettre mal
auec le Roy mon mary, & efbran-
ler l'amitié de mon frere & de luy,
fe feruift d'vne autre voye , qui
eftoit de Madame de Sauue, la gai-
gnant tellement qu'elle fe gouuernoit du tout par luy , & vfant de
fes inftructions non moins perni-
cieufes que celles de la Celeftine,
elle rendit l'amour de mon frere &
du Roy mon mary (auparauant
tiede & lente comme de perfonnes
fi ieunes) à vne telle extrémité,
qu'oubliants toute ambition, tout
deuoir, & tout deffein, ils n'auoiét
plus autre chofe en l'efprit que la
recherche de cette femme. Et en
vindrent à vne fi grande & vehe-

G

méte jalousie l'vn de l'autre, qu'encor qu'elle fust recherchée de
Monsieur de Guise, de du Guast,
de Souuray, & plusieurs autres,
qui estoient tous plus aimez d'elle
qu'eux, ils ne s'en soucioient pas,
& ne craignoient ces deux beaux
freres que la recherche de l'vn &
de l'autre. Et cette femme, pour
mieux iouër son ieu, persuada au
Roy mon mary que i'en estois ialouse, & que pour cette cause ie tenois le party de mon frere. Nous
croyons aisément ce qui nous est
dit par des personnes que nous ai-
mons. Il prend cette creance, il
s'esloigne de moy, & s'en cache
plus que de tout autre ; ce que iusques alors il n'auoit fait. Car quoy
qu'il en eust eu la fantaisie, il m'en
auoit tousiours parlé aussi libre-

ment qu'à vne sœur, cognoissant
bien que ie n'en estois aucunement
ialouse , ne desirant que son contentement.   Moy voyant ce que
i'auois le plus craint estre aduenu,
qui estoit l'esloignemét de sa bonne grace , pour la priuation de la
franchise de quoy il auoit iusques
alors vsé auec moy, & que la mef-
fiance qui priue de la familiarité est
le principe de la haine , soit entre
parens ou amis , & cognoissant
d'ailleurs que si ie pouuois diuertir
mon frere de l'affection de Madame de Sauue i'osterois le fondemét
de l'artifice que le Guast auoit fa-
briqué à nostre diuision & ruine,
..... susdite à l'endroit de mon
frere, vsant de tous les moyens que
ie pûs pour l'en tirer. Ce qui eust
seruy à tout autre qui n'eust eu l'a-

me fafcinée par l'amour & les rufes de ces fines perfonnes. Mon frere , qui en toute autre chofe ne croyoit rien que moy, ne pûft iamais fe regaigner foy-mefme pour fon falut & le mien , tant forts eftoient les charmes de cette Circé, aidez de ce diabolique efprit de du Guaft. De façon qu'au lieu de tirer profit de mes parolles, il les redifoit toutes à cette femme. Que peut-on celer à celuy que l'on aime? Elle s'en animoit contre moy, & feruoit auec plus d'affection au deffein de du Guaft , & pour s'en véger difpofoit toufiours d'auantage le Roy mon mary à me haïr & s'eftranger de moy ; de forte qu'il ne me parloit plus. Il reuenoit de chez elle fort tard, & pour l'empef-cher de me voir elle luy commandoit de se trouuer au leuer de la Roine, où elle estoit subjette d'aller, & aprez tout le iour il ne bougeoit plus d'auec elle. Mon frere n'apportoit moins de soin à la rechercher, elle leur faisant accroire à tous deux qu'ils estoient vniquement aimez d'elle. Ce qui n'auançoit moins leur ialousie & leur diuision que leur ruine. Nous feismes vn long seiour en Auignon, & vn tour par la Bourgogne & la Champagne pour aller à Rheims aux nopces du Roy, & de là venir à Paris, où les choses se comporterent tousiours de cette façon. La trame de du Guast alloit par ces moyens tousiours s'aduançant à nostre diuision & ruine. Estants à Paris, mon frere approcha de luy Bussi, en faisant autant d'estime

que sa valeur le meritoit. Il estoit
tousiours auprez de mon frere, &
par consequent auec moy , mon
frere & moy estants presque tousiours ensemble , & ordonnant à
tous ses seruiteurs de ne m'honorer & rechercher moins que luy.
Tous les hommes & gés de sa suitte accomplissoiét cet agreable com-
mádement auec tant de subjection,
qu'ils ne me rendoient moins de
seruice qu'à luy. Vostre tante
voyant cela, m'a souuent dit que
cette belle vnion de mon frere &
de moy luy faisoit ressouuenir du
temps de Mósieur d'Orleans mon
oncle & de Madame de Sauoye
ma tante.   Le Guast, qui estoit vn
potiron de ce temps , y donnant
interpretation contraire, pensa que
la fortune luy offroit vn beau

moyen pour ſe haſter à plus viſte
pas d'arriuer au but de ſon deſſein,
& par le moyen de Madame de
Sauue s'eſtant introduit en la bonne grace du Roy mon mary, taſcha
par toute voye de luy perſuader
que Buſſi me ſeruoit. Et voyant
qu'il n'y aduançoit rien, eſtant aſſez aduerty par ſes gens, qui eſtoiét
touſiours auec moy, de mes depor-
tements qui ne tendoient à rien de
ſemblable, il s'adreſſa au Roy, qu'il
trouua plus facile à perſuader, tant
pour le peu de bien qu'il vouloit à
mon frere & à moy, noſtre amitié
luy eſtant ſuſpecte & odieuſe, que
pour la haine qu'il auoit à Buſſi,
qui l'ayant autresfois ſuiuy, l'auoit
quitté pour ſe dedier à mon frere.
Acquiſition qui accroiſſoit autant
la gloire de mon frere que l'enuie

G iiij

de nos ennemis, pour n'y auoir rien en ce siecle-là de son sexe & de sa qualité de semblable en valeur, reputation, grace, & esprit. En quoy quelques vns disoient que s'il falloit croire la transmutation des ames, comme quelques Philosophes ont tenu, que sans doute celle de Hardelay vostre braue frere animoit celle de Bussi. Le Roy imbu de cela par le Guast, en parla à la Roine ma mere, la conuiant à en parler au Roy mon mary, & taschant de le mettre aux mesmes aigreurs qu'il l'auoit mis à Lyon. Mais elle voyant le peu d'apparence qu'il y auoit l'en reietta, luy disant; Ie ne sçay qui sont les broüillons qui vous mettent telles opinions en la fantaisie. Ma fille est malheureuse d'estre venuë en vn

tel siecle. De noſtre temps nous
parlions librement à tout le monde, & tous les honneſtes gens qui
ſuiuoient le Roy voſtre pere, Monſieur le Dauphin , & Monſieur
d'Orleans vos oncles, eſtoiét d'ordinaire à la chambre de Madame
Marguerite voſtre táte & de moy,
& perſonne ne le trouuoit eſtrange ; comme auſſi n'y auoit-il pas
dequoy. Buſſi voit ma fille deuant
vous, deuant ſon mary en ſa chambre , deuant tous les gens de ſon
mary, & deuant tout le monde. Ce
n'eſt pas en cachette, ny à porte fermée. Buſſi eſt perſonne de qualité,
& le premier auprez de voſtre frere. Qu'y a-t'il à penſer ? En ſçauez
vous autre choſe que par vne calomnie ? A Lyon vous me luy auez
fait faire vn affront tres-grand, du-

quel ie crains bien qu’elle ne se res-
sente toute sa vie. Le Roy demeurant tout estonné, Madame, dit-il,
ie n’en parle qu’aprez les autres. Elle respondit ; Qui sont ces autres?
Mon fils , ce sont gens qui vous
veulent mettre mal auec tous les
vostres.   Le Roy s’en estant allé
elle me raconta le tout , & me dit;
Vous estes née d’vn miserable
temps. Et appellant vostre tantç
Madame de Dampierre elle se meit
à discourir auec elle de l’honneste
liberté des plaisirs qu’ils auoient de
ce temps-là, sans estre subjets comme nous à la mesdisance. Le Guast
voyant la mine esuentée, & qu’elle n’auoit pris feu de ce costé-là
comme il desiroit, s’adresse à cer-
tains Gentils-hommes qui suiuoiét
lors le Roy mon mary, qui iusques

alors auoient esté compagnons de
Bussi, & depuis deuenus ses ennemis pour la jalousie que leur apportoit son aduancemét & sa gloire. Ceux-cy ioignants à cette enuieuse haine vn zele inconsideré au
seruice de leur maistre , ou pour
mieux dire couurans leur enuie de
ce pretexte , se resolurent vn soir
sortát tard du coucher de son maistre pour se retirer en son logis, de
l'assassiner. Et comme les honnestes gens qui estoient auprez de
mon frere auoient accoustumé de
l'accompagner, ils sçauoient qu'ils
ne le trouueroient auec moins de
quinze ou vingt honnestes hommes, & que bien que pour la bles-
seure qu'il auoit au bras droit, depuis peu de iours qu'il s'estoit bat-
tu contre sainct Val, il ne portast

point d'eſpée , ſa preſence ſeroit
ſuffiſante pour redoubler le courage à ceux qui eſtoient auec luy. Ce
que redoutans , & voulans faire
leur entrepriſe aſſeurée , ils reſolurent de l'attaquer auec deux ou
trois cens hommes , le voile de la
nuit couurant la honte d'vn tel aſſaſſinat. Le Guaſt qui commandoit au regiment des gardes leur
fournit des ſoldats , & ſe mettans
en cinq ou ſix trouppes en la plus
prochaine ruë de ſon logis où il
falloit qu'il paſſaſt , le chargent,
eſteignãs les torches & flambeaux.
Aprez vne ſalue d'arquebuſades &
piſtoletades qui euſt ſuffi , non à attrapper vne trouppe de quinze ou
vingt hommes , mais à deffaire vn
regiment , ils viennent aux mains
auec ſa trouppe, taſchans touſiours

dans l'obfcurité de la nuit à le remarquer pour ne le faillir, & le co-
gnoiffans à vne efcharpe colombine que portoit vn des fiens comme luy, mais toutesfois bien diffe-
rente pour n'eftre enrichie comme
celle de fon maiftre; toutesfois en
l'obfcurité de la nuict ou le tranfport ou l'animofité de ces affaffins,
qui auoient le mot de donner tous
à l'efcharpe colombine, feit que
toute la trouppe fe ietta fur ce pauure Gentil-homme, penfant que
ce fuft Buffi, & le laifferent pour
mort en la ruë. Vn Gentil-homme Italien qui eftoit à mon frere y
eftant, de premier abord l'effroy
l'ayant pris il s'en accourt tout fan-
glant dans le Louure, & iufques à
la chambre de mon frere qui eftoit
couché, criant que l'on affaffinoit

Buſſi. Mon frere ſoudain y vou-
luſt aller. De bonne fortune ie n'e-
ſtois point encore couchée , &
eſtois logée ſi prez de mon frere,
que i'ouïs cet homme effrayé crier
par les degrez cette eſpouuantable
nouuelle auſſi toſt que luy. Soudain ie cours en ſa chambre pour
l'empeſcher de ſortir , & enuoyay
prier la Roine ma mere d'y venir
pour le retenir, voyant que la iuſte
douleur qu'il ſentoit l'emportoit
tellement hors de luy-meſme , que
ſans conſideration il ſe fuſt preci-
pité à tous dangers pour courre à
la vengeance. Nous le retenons à
toute peine, la Roine ma mere luy
repreſentant qu'il n'y auoit nulle
apparence de ſortir ſeul comme il
eſtoit pendant la nuit que l'obſcu-
rité couure toute meſchanceté;

Que le Guaſt eſtoit peut eſtre aſſez
meſchant d'auoir fait cette partie
expreſſément pour le faire ſortir
mal à propos, à fin de le faire tomber en quelque accident. Au deſeſpoir qu'il eſtoit ces parolles euſſent
eu peu de force. Mais elle y vſant
de ſon authorité l'arreſta, & commanda aux portiers que l'on ne le
laiſſaſt ſortir , prenant la peine de
demeurer auec luy iuſques à ce
qu'il ſceuſt la verité de tout. Buſſi,
que Dieu auoit garanty miracu-
leuſement de ce danger, ne s'eſtant
troublé pour ce hazard , ſon ame
n'eſtát point ſuſceptible de la peur,
eſtant né pour eſtre la terreur de
ſes ennemis, la gloire de ſon maiſtre, & l'eſperance de ſes amis, entré
qu'il fuſt en ſon logis ſoudain ſe
ſouuint de la peine en quoy ſeroit

ſon maiſtre ſi la nouuelle de cette rencontre eſtoit portée iuſques à luy incertainement , & craignant que cela le feit ietter dans les filets de ſes ennemis (comme ſans doute il euſt fait ſi la Roine ma mere ne l'en euſt empeſché) enuoya ſoudain vn des ſiens qui apporta la nouuelle à mon frere de la verité de tout. Et le iour eſtant venu, Buſſi , ſans crainte de ſes ennemis, reuint dans le Louure auec la façon auſſi braue & auſſi ioyeuſe que ſi cet attentat luy euſt eſté vn tournois pour plaiſir. Mon frere auſſi aiſe de le reuoir que plein de deſpit & de vengeance, teſmoigna aſſez comme il reſſentoit l'offenſe qui luy auoit eſté faite de l'auoir voulu priuer du plus braue & digne ſeruiteur dont Prince de ſa qualité euſt

iamais

iamais cognoiſſance , bien que du
Guaſt s'attaquoit à Buſſi pour ne
s'oſer prendre de premier abord à
luy-meſme. La Roine ma mere, la
plus prudente & aduiſée qui ait iamais eſté, cognoiſsát de quel poids
eſtoienr tels effets , & preuoyant
qu'ils pourroient en fin mettre ſes
deux enfans mal enſemble, conſeil-
la mon frere que pour leuer tel pretexte il feit que pour vn temps Buſſi s'eſloignaſt de la Cour. A quoy
mon frere conſentit par la priere
que ie luy en feis, voyant bien que
s'il demeuroit le Guaſt le mettroit
touſiours en ieu, & le feroit ſeruir
de couuerture à ſon pernicieux deſſein, qui eſtoit de maintenir mon
frere & le Roy mon mary mal enſemble , comme il les y auoit mis
par les artifices ſuſdits. Buſſi qui

H

n'auoit autre volonté que celle de
son maiſtre, partit accompagné de
la plus braue nobleſſe qui fuſt à
la Cour qui ſuiuoit mon frere. Ce
ſujet eſtant aiſé au Guaſt, & voyant
que le Roy mon mary ayant en ce
meſme temps vne nuict eu vne
fort grande foibleſſe, en laquelle
il demeura eſuanouy l'eſpace d'vne
heure (qui luy venoit , comme ie
crois, d'excez qu'il auoit faits auec
les femmes ; car ie ne l'y auois iamais veu ſujet) où ie l'auois ſeruy
& aſſiſté comme le deuoir me le
commandoit ; de quoy il reſtoit ſi
content de moy qu'il s'en loüoit à
tout le monde, diſant que ſans que
ie m'en eſtois apperceuë , & auois
ſoudain couru à le ſecourir , & appeller mes femmes & ſes gens, il
eſtoit mort ; & qu'à cette cauſe il

m'en faisoit beaucoup meilleure
chere, & que depuis l'amitié de luy
& de mon frere commençoit à se
renoüer, estimant tousiours que
i'en estois la cause, & que ie leur
estois (comme l'on voit en toutes
les choses naturelles, mais plus ap-
paremment aux serpens coupez)
vn certain baume naturel qui reü-
nit & reioint les parties separées;
poursuiuant tousiours la pointe de
son premier & pernicieux dessein,
& recherchant de fabriquer quelque nouuelle inuention pour nous
rebroüiller le Roy mon mary &
moy, meit à la teste du Roy, qui
depuis peu de iours auoit osté par
le mesme artifice de du Guast à la
Roine sa sacrée Princesse tres-ver-
tueuse & bonne, vne fille qu'elle
aimoit fort, & qui auoit esté nour-

H ij

rie auec elle , nommée Chaueri,
qu'il deuoit faire que le Roy mon
mary m'en fist de mesme , m'ostant
celle que i'aimois le plus , nommée
Torigny , sans autre raison , sinon
qu'il ne falloit point laisser à des
ieunes Princesses des filles en qui
elles eussent si particuliere amitié.
Le Roy persuadé de ce mauuais
homme en parla plusieurs fois à
mon mary ; qui luy respondit qu'il
sçauoit bié qu'il me feroit vn cruel
desplaisir; Que si i'aimois Torigny,
i'en auois occasion ; Qu'outre ce
qu'elle auoit esté nourrie auec la
Roine d'Espagne ma sœur, & auec
moy depuis mon enfance , elle
auoit beaucoup d'entendement; &
que mesme elle l'auoit beaucoup
seruy en sa captiuité du bois de
Vincennes; Qu'il seroit ingrat s'il

ne s'en reſſouuenoit ; & qu'il auoit
autresfois veu que ſa Majeſté en
faiſoit grand eſtat pluſieurs fois. Il
s'en deffendit de cette façon ; mais
en fin le Guaſt perſiſtant touſiours
à pouſſer le Roy, & iuſques à luy
faire dire au Roy mon mary qu'il
ne l'aimeroit iamais ſi dans le lendemain il ne m'auoit oſté Torigny, il fut contraint à ſon grand regret, cóme depuis il me l'a auoüé,
de m'en prier & me le commander.
Ce qui me fuſt ſi aigre, que ie ne
me pûs empeſcher de luy teſmoigner par mes larmes combien i'en
receuois de deſplaiſir ; luy remonſtrant que ce qui m'en affligeoit le
plus n'eſtoit point l'eſloignement
de la preſence d'vne perſonne qui
depuis mon enfance s'eſtoit touſiours renduë ſubjette & vtile au-

H iij

prez de moy , mais que sçachant
comme ie l'aimois ie n'ignorois pas
combien son partement si precipi-
té porteroit de preiudice à ma repu-
tation.	Ne pouuant receuoir ces
raisons , pour la promesse qu'il
auoit faite au Roy de me faire ce
desplaisir , elle partist le iour mesme , se retirant chez vn sien cousin,
nommé Monsieur Chastelas. Ie re-
stay si offensée de cette indignité à
la suitte de tant d'autres , que ne
pouuant plus resister à la iuste douleur que ie ressentois, qui bannis-
sant toute prudence de moy m'a-
bandonnoit à l'ennuy,ie ne me pûs
plus forcer de rechercher le Roy
mon mary.	De sorte que le Guast
& Madame de Sauue d'vn costé
l'estrangeant de moy,& moy m'es-
loignant aussi , nous ne couchions
plus & ne parlions plus ensemble.

LIVRE DEVXIESME.

QVELQVES iours aprez quelques bons feruiteurs du Roy mon mary luy ayants fait cognoiſtre l'artifice par le moyen duquel on le menoit à ſa ruine, le mettant mal auec mon frere & moy, pour le ſeparer de ceux de qui il deuoit eſperer le plus d'appuy , pour aprez le laiſſer là & ne tenir conte de luy, comme le Roy commençoit à n'en faire pas grand eſtat & à le meſpriſer , ils le firent parler à mon frere, qui depuis le partement de Buſſi n'auoit pas amédé ſa condition, (car le Guaſt tous les iours luy faiſoit receuoir quelques nouuelles indignitez) & cognoiſſants

qu'ils eſtoient tous deux en meſme
predicament à la Cour, auſſi defa-
uoriſez l'vn que l'autre ; que le
Guaſt ſeul gouuernoit le monde;
qu'il falloit qu'ils mendiaſſent de
luy ce qu'ils vouloient obtenir auprez du Roy ; que s'ils demandoiét
quelque choſe, ils eſtoient refuſez
auec meſpris ; que ſi quelqu'vn ſe
rendoit leur ſeruiteur, il eſtoit auſſi
toſt ruiné, & attaqué de mille querelles que l'on luy ſuſcitoit ; ils ſe
reſolurent, voyant que leur deſunion eſtoit leur ruine, de ſe reünir,
& ſe retirer de la Cour, pour, ayant
aſſemblé leurs ſeruiteurs & amis,
demander au Roy vne condition
& vn traittemét digne de leur qualité ; mon frere n'ayant eu iuſques
alors ſon appennage, & s'entrete-
nant ſeulement de certaines pen-

fions mal affignées, qui venoient feulemét quád il plaifoit au Guaft; & le Roy mon mary ne iouïffant nullement de fon gouuernement de Guyenne, ne luy eftant permis d'y aller, ny en aucunes de fes terres. Cette refolution eftant prife entre eux, mon frere m'en parla, me difant qu'à cette heure ils eftoient bien enfemble,& qu'il defiroit que nous fuffions bien le Roy mon mary & moy, & qu'il me prioit d'oublier tout ce qui s'eftoit paffé ; Que le Roy mon mary luy auoit dit qu'il en auoit vn extré-me regret,& qu'il cognoiffoit bien que nos ennemis auoient efté plus fins que nous ; mais qu'il fe refol-uoit de m'aimer, & de me donner plus de contentement de luy.Il me prioit auffi de mon cofté de l'aimer, & de l'assister en ses affaires en son absence. Ayant pris resolution tous deux ensemble que mon frere partiroit le premier, se desrobbant dans vn carrosse comme il pourroit, & qu'à quelques iours de là le Roy mon mary faignant d'aller à la chasse le suiuroit (regrettants beaucoup qu'ils ne me pouuoient emmener auec eux, toutesfois s'asseurants qu'on ne me sçauroit faire du desplaisir les sçachát dehors; aussi qu'ils firent bien tost paroistre que leur intention n'estoit point de troubler la France , mais seulement d'establir vne condition digne de leur qualité, & se mettre en seureté; car parmy ces trauerses ils n'estoient pas sans crainte de leur vie, fust ou que veritablement ils fussent en danger, ou que ceux

qui desiroient la diuision & ruine
de nostre maison pour s'en preualoir leur fissent donner des allar-
mes par les continuels aduertissements qu'ils en receuoient,) le soir
venu, peu auāt le soupper du Roy,
mon frere changeant de manteau
& le mettant autour du nez fort,
seulement suiuy d'vn des siens qui
n'estoit pas recognu , & s'en va à
pied iusques à la porte sainct Ho-
noré, où il se trouua suiuy du carrosse d'vne Dame qu'il auoit em-
prunté pour cet effet,dans lequel il
se meit , & va iusques à quelques
maisons à vn quart de lieuë de Paris , où il trouua des cheuaux qui
l'attendoient, sur lesquels montāt,
à quelque lieuë de là il trouua deux
ou trois cens cheuaux de ses seruiteurs qui l'attendoient au rendez-

vous qu'il leur auoit donné. L'on
ne s'apperceuſt point de ſon partement que ſur les neuf heures du
ſoir. Le Roy & la Roine ma mere
me demanderent pourquoy il n'a-
uoit point ſouppé auec eux, & s'il
eſtoit malade. Ie leur dis que ie ne
l'auois point veu depuis l'apreſdiſnée. Ils enuoyerent en ſa chambre
voir ce qu'il faiſoit. On leur vinſt
dire qu'il n'y eſtoit pas. Ils diſent
qu'on le cherche par toutes les
chambres des Dames où il auoit accouſtumé d'aller. On cherche par
le chaſteau, on cherche par la ville,
on ne le trouue point. A cette heu-
re-là l'allarme s'eſchauffe. Le Roy
ſe met en cholere, ſe courrouce, me-
nace, enuoye querir tous les Princes & Seigneurs de la Cour, leur
commande de monter à cheual &

le luy ramener vif ou mort ; difant
qu'il s'en va troubler fon Eftat
pour luy faire la guerre, & qu'il luy
fera cognoiftre la folie qu'il faifoit
de s'attaquer à vn Roy fi puiffant
que luy. Plufieurs de ces Princes
& Seigneurs refuferent cette commiffion , remonftrans au Roy de
quelle importáce elle eftoit ; Qu'ils
voudroient mettre leur vie en ce
qui feroit du feruice du Roy, comme ils fçauoient eftre de leur deuoir ; mais d'aller contre Monfieur
fon frere, ils fçauoient bien que le
Roy leur en fçauroit vn iour mauuais gré ; & qu'il s'affeuraft que
mon frere n'entreprendroit rien
qui pûft defplaire à fa Majefté, ny
qui pûft nuire à fon Eftat; Que peut
eftre c'eftoit vn mefcontentement
qui l'auoit conuié à s'efloigner de

la Cour ; Qu'il leur sembloit que
le Roy deuoit enuoyer deuers luy,
pour s'informer de l'occasion qui
l'auoit meu à partir, auãt que prendre resolution à toute rigueur
comme celle cy. Quelques autres
accepterent, & se preparerent pour
monter à cheual. Ils ne pûrent faire telle diligence qu'ils pûssent partir plustost que sur le point du
iour ; qui fust cause qu'ils ne trouuerent point mon frere , & furent
contraints de reuenir pour n'estre
pas en equipage de guerre. Le Roy
pour ce depart ne monstra pas
meilleur visage au Roy mon mary,
mais en faisant aussi peu d'estat
qu'à l'accoustumée le tenoit tousiours de mesne façon. Ce qui le
confirmoit en la resolution qu'il
auoit prise auec mon frere ; de sor-

te que peu de iours aprez il partit
faignant d'aller à la chaffe. Moy le
lendemain du depart de mon frere,les pleurs qui m'auoient accompagnée toute la nuit , m'efmeurent
vn fi grand rheume fur la moitié
du vifage , que i'en fus auec vne
groffe fiéure arreftée dás le lit pour
quelques iours, fort malade & a-
uec beaucoup de douleurs. Durant laquelle maladie le Roy mon
mary, ou qu'il fuft occupé à difpofer de fon partement, ou qu'ayant
à laiffer bien toft la Cour il vouluft
dóner ce temps qu'il auoit à y eftre
à la feule volupté de iouïr de la prefence de fa maiftreffe Madame de
Sauue , ne penfant auoir le loifir de
me venir voir en ma chambre, &
reuenant pour fe retirer à l'accou-
ftumée à vne ou deux heures aprez

minuict , couchants en deux licts
comme nous couchions toufiours,
ie ne l'entédois point venir, & fe leuant auant que ie fuffe efueillée
pour fe trouuer, comme i'ay dit cy
deuant , au leuer de Madame ma
mere où Madame de Sauue alloit;
il ne fe fouuenoit point de parler à
moy comme il auoit promis à mon
frere , & partit de cette façon fans
me dire à Dieu. Ie ne laiffay pas de
demeurer foupçonnée du Roy que
i'eftois la feule caufe de ce partement ; & iettant feu contre moy,
s'il n'euft efté retenu de la Roine
ma mere, fa cholere ie crois luy euft
fait executer contre ma vie quelque cruauté. Mais eftant retenu
par elle, & n'ofant faire pis, foudain il dit à la Roine ma mere que
pour le moins il me falloit donner

des

des gardes, pour empefcher que ie
ne fuiuiffe le Roy mon mary ; &
auffi pour engarder que perfonne
ne communiquaft auec moy, à fin
que ie ne les aduertiffe de ce qui fe
paffoit à la Cour. La Roine ma
mere voulant faire toutes chofes
auec douceur, luy dit qu'elle le
trouuoit bon ainfi, (bien aife d'a-
uoir peu rabattre iufques au premier mouuement de fa cholere)
mais qu'elle me viendroit trouuer
pour me difpofer à ne trouuer fi rude ce traittement-là ; Que ces aigreurs ne demeureroient toufiours
en ces termes; Que toutes les chofes du monde auoient deux faces;
Que cette premiere, qui eftoit tri-
fte & affreufe, eftant tournée, quád
nous viendrions à voir la feconde
plus agreable & plus tranquille, à

I

nouueaux euenements, on prendroit nouueau conseil ; Que lors
peut estre on auroit besoin de se
seruir de moy ; Que comme la prudence conseilloit de viure auec ses
amis comme deuants vn iour estre
ses ennemis, pour ne leur confier
rien de trop , qu'aussi l'amitié venant à se rompre, & pouuant nuire, elle ordonnoit d'vser de ses ennemis comme pouuants estre vn
iour amis. Ces remonstrances em-
pescherent bien le Roy de me faire ennuy, (ce qu'il eust bien voulu) mais le Guast luy donnant inuention de descharger ailleurs sa
cholere, feit que soudain, pour me
faire le plus cruel desplaisir qui se
pouuoit imaginer , il enuoya des
gens à la maison de Chastelas cousin de Torigny , pour, sous ombre

de la prendre pour l'amener au
Roy , la noyer en vne riuiere qui
eſtoit prez de là. Eux arriuez,Cha-
ſtelas les laiſſe librement entrer dãs
la maiſon , ne ſe doutant de rien.
Eux ſoudain la voyants dedans, les
plus forts vſants auec autant d'indiſcretion que d'imprudence de la
ruineuſe charge qui leur auoit eſté
donnée, prennent Torigny,la liét,
l'enferment dans vne chambre, at-
tendants de partir que leurs cheuaux euſſent repeu. Cependant
vſants à la Françoiſe ſans ſe garder
de rien , ſe gorgeans iuſques au
creuer de tout ce qui eſtoit de meilleur en cette maiſon, Chaſtelas,qui
eſtoit homme aduiſé, n'eſtant pas
marry qu'aux deſpens de ſon bien
on pûſt gaigner ce temps pour re-
tarder le partement de ſa couſine,

I ij

esperant que qui a temps a vie , &
que Dieu peut estre changeroit le
cœur du Roy , qui contremande-
roit ces gens icy pour ne me vouloir si aigrement offenser , & n'o-
sant ledit Chastelas entreprendre
par autre voye de les empescher,
bien qu'il auoit des amis assez pour
le faire.   Mais Dieu qui a tousiours
regardé mon affliction pour me
garentir des dangers & des desplai-
sirs que mes ennemis me pourchas-
soient , plus à propos que moy-
mesme ne l'en eusse pú requerir
quand i'eusse sceu cette entreprise
que i'ignorois, prepara vn inespe-
ré secours pour deliurer Torigny
des mains de ces scelerats , qui fut
tel. Quelques valets & chambrie-
res s'en estants fuis pour la crainte
de ces satellites qui battoient &

frappoient là dedans comme en v-
ne maison de pillage , estants à vn
quart de lieuë de la maison , Dieu
guida par là la Ferté & Auantigny
auec leurs trouppes , qui estoient
bien deux cens cheuaux , qui s'al-
loient ioindre à l'armée de mon
frere, & feit que la Ferté recognust
parmy cette trouppe de païsans vn
homme esploré, qui estoit à Chastelas, & luy demãda ce qu'il auoit,
& s'il y auoit quelques gens-d'armes qui leur eussent fait quelque
tort. Le valet luy respond que
non, & que la cause qui les rendoit
ainsi tourmentez, estoit l'extrémité
en quoy il auoit laissé son maistre
pour la prise de sa cousine. Soudain la Ferté & Auantigny se resolurent de me faire ce bon office de
deliurer Torigny, loüants Dieu de

I iij

leur auoir offert vne si belle occasion de me pouuoir tesmoigner
l'affection qu'ils m'auoient tousiours euë ; & hastans le pas eux &
toutes leurs trouppes arriuerent si
à propos à la maison dudit Chastelas, qu'ils trouuerent ces soldats sur
le point qu'ils vouloient mettre
Torigny sur vn cheual pour l'emmener noyer. Entrants donc tous
à cheual l'espée au poing dans la
court, & criants ; arrestez-vous,
bourreaux, si vous luy faites mal
vous estes morts ; ils commencerent à les charger, & eux se mettans
à fuir laisserent leur prisonniere
aussi trásportée de ioye, que transs-
sie de frayeur; & aprez auoir rendu
graces à Dieu & à eux d'vn si salu-
taire & si necessaire secours, faisant apprester le chariot de sa cou-

fine de Chaftelas , elle s'en va auec
fondit coufin accompagnée de l'efcorte de ces honneftes gens trouuer mon frere , qui fuft tres-aife
ne me pouuant auoir auprez de luy
d'y auoir vne perfonne que i'ai-
maffe comme elle. Elle y fut tant
que le danger dura, traittée & ref-
pectée comme fi elle euft efté auprez de moy. Pendant que le Roy
faifoit cette belle defpefche pour
facrifier Torigny à fon ire, la Roine ma mere, qui n'en fçauoit rien,
m'eftoit venuë trouuer en ma chá-
bre que ie m'habillois encore, faifant eftat, bien que ie fuffe encor
mal de mon rheume,mais plus malade en l'ame qu'au corps de l'ennuy qui me poffedoit, de fortir ce
iour-là de ma chambre pour voir
vn peu le cours du monde fur ces

nouueaux accidents , eſtant touſiours en peine de ce qu'on entreprendroit contre mon frere & le
Roy mon mary. Elle me dit; Ma
fille, vous n'auez que faire de vous
haſter de vous habiller. Ne vous
faſchez point, ie vous prie, de ce
que i'ay à vous dire. Vous auez de
l'entendement.   Ie m'aſſeure que
vous ne trouuerez point eſtrange
que le Roy ſe ſente offenſé contre
voſtre frere & voſtre mary, & que
ſçachát l'amitié qui eſt entre vous,
croyant que vous ſçauiez leur partement, il ſoit reſolu de vous tenir
pour oſtage de leur depart. Il ſçait
combien voſtre mary vous aime,
& ne peut auoir vn meilleur gage
de luy que vous. Pour cette cauſe
il a commandé que l'on vous meit
des gardes , pour vous empeſcher

que vous ne sortiez de vostre chá-
bre. Aussi que ceux de son Conseil luy ont representé que si vous
estiez libre parmy nous, vous des-
couuririez tout ce qui se delibere-
roit contre vostre frere & vostre
mary, & les en aduertiriez. Ie vous
prie de ne le trouuer mauuais. Cecy, si Dieu plaist, ne durera gueres.
Ne vous faschez point aussi si ie
n'ose si souuent vous venir voir,
car ie craindrois d'en donner soup-
çon au Roy. Mais asseurez-vous
que ie ne permettray point qu'il
vous soit fait aucun desplaisir , &
que ie feray tout ce que ie pourray
pour mettre la paix entre vos freres. Ie luy representay combien
estoit grande l'indignité qu'on me
faisoit en cela. Ie ne voulois pas
desauoüer que mon frere m'auoit

touſiours communiqué tous ſes iŭ-
ſtes meſcontentements; mais pour
le Roy mon mary , depuis qu'il
m'auoit oſté Torigny nous n'a-
uions point parlé enſemble ; que
meſme il ne m'auoit point veuë en
ma maladie, & ne m'auoit point
dit à Dieu. Elle me reſpód; Ce ſont
petites querelles de mary à femme;
mais on ſçait bien qu'auec des dou-
ces lettres il vous regaignera le
cœur, & que s'il vous mande de
l'aller trouuer vous y irez; ce que le
Roy mon fils ne veut pas. Elle s'en
retournant, ie demeure en cet eſtat
quelques mois, ſans que perſonne,
ny meſme mes plus priuez amis
m'oſaſſent venir voir, craignans de
ſe ruiner. A la Cour, l'aduerſité eſt
touſiours ſeule , comme la proſpe-
rité eſt accompagnée, & la perſecu-

tion assistée des vrais & entiers a-
mis. Le seul braue Grillon fust celuy qui mesprisant toutes deffenses
& toutes défaueurs vint cinq ou six
fois en ma chambre , estonnant
tellement de crainte les Cerberes
que l'on auoit mis à ma porte, qu'-
ils n'oserent iamais le dire, ny luy
refuser le passage. Durant ce temps
là, le Roy mon mary estant arriué
en son Gouuernement , & ayant
ioint ses seruiteurs & amis, chacun
luy remonstra le tort qu'il auoit eu
d'estre party sans me dire à Dieu,
luy disant que i'auois de l'entendement pour le pouuoir seruir , &
qu'il falloit qu'il me regaignast;
Qu'il retireroit beaucoup d'vtilité
de mon amitié & de ma presence,
lors que les choses estants pacifiées
il me pourroit auoir auprez de luy.

Il fuſt aiſé à perſuader en cela, eſtất
eſloigné de ſa Circé Madame de
Sauue. Ses charmes ayants perdu
par l'abſence leur force (ce qui le
rendoit ſans raiſon pour recognoiſtre clairement les artifices de nos
ennemis, & que la diuiſion qu'ils
auoient trouuee entre nous ne luy
procuroit moins de ruine qu'à
moy) il m'eſcriuiſt vne tres-hon-
neſte lettre, où il me prioit d'oublier tout ce qui s'eſtoit paſſé entre
nous, & croire qu'il me vouloit aimer, & me le faire paroiſtre plus
qu'il n'auoit iamais fait ; me commandant auſſi de le tenir aduerty
de l'eſtat des affaires qui ſe paſſoiét
où i'eſtois, de mon eſtat, & de celuy de mon frere. Car ils eſtoient
eſloignez, bien qu'amis d'intelligence, mon frere eſtant vers la

Champagne, & le Roy mon mary
en Gascogne. Ie receus cette lettre
estant encores captiue, qui m'apporta beaucoup de consolation &
soulagement ; & ne manquay depuis (bien que les gardes eussent
charge de ne me laisser escrire) aidée de la necessité mere de l'inuention, de luy faire souuent tenir de
mes lettres. Quelques iours aprez
que ie fus arrestée mon frere sceut
ma captiuité, qui l'aigrit tellement,
que s'il n'eust eu l'affection de sa
patrie dans le cœur autant enraci-
née comme il auoit de part & d'interest à cet Estat, il eust fait vne si
cruelle guerre (comme il en auoit
le moyen, ayant lors vne belle armée) que le peuple eust porté la
peine des effets de leur Prince.
Mais retenu par le deuoir de cette

naturelle affection, il escriuist à la Roine ma mere, que si l'on me traittoit ainsi on le mettroit au dernier desespoir. Elle craignant de voir venir les aigreurs de cette guerre à cette extrémité qu'elle n'eust le moyen de la pacifier, remonstra au Roy de quelle importance cette guerre luy estoit, & le trouua disposé à receuoir ses raisons; son ire estant moderée par la cognoissance du peril où il se trouuoit, estant attaqué en Gascogne, Dauphiné, Languedoc, & Poittou, & du Roy mon mary & des Huguenots, qui tenoient plusieurs belles places, & de mon frere en Champagne, qui auoit vne grosse armée composée de la plus braue & gaillarde noblesse qui fust en France; & n'ayant peu depuis le

depart de mon frere , par prieres,
commádements,ny menaces, faire
monter personne à cheual contre
mon frere, tous les Princes & Seigneurs de France redoutans sage-
ment de mettre le doigt entre deux
pierres. Tout consideré, le Roy
preste l'oreille aux remonstrances
de la Roine ma mere , & se rend
non moins desireux qu'elle de faire vne paix ; la priant de s'y employer & d'en trouuer le moyen. Elle
soudain se dispose d'aller trouuer
mon frere , representant au Roy
qu'il estoit necessaire qu'elle m'y
menast. Mais le Roy n'y voulut
consentir, estimant que ie luy ser-
uois d'vn grand ostage. Elle donc
s'en va sans moy & sans m'en parler ; & mon frere voyant que ie n'y
estois pas , luy representa le iuste

mefcontentement qu'il auoit, &
les indignitez & mauuais traitte-
ments qu'il auoit receus à la Cour,
y ioignant celuy de l'iniure qu'on
m'auoit faite m'ayant retenuë captiue, & la cruauté que pour m'of-
fencer on auoit voulu faire à Torigny; difant qu'il n'efcouteroit iamais nulle ouuerture de paix, que
le tort que l'on m'auoit fait ne fuft
reparé, & qu'il ne me vift fatisfaite
& en liberté. La Roine ma mere
voyant cette refponfe, reuinft, &
reprefenta au Roy ce que luy auoit
dit mon frere ; Qu'il eftoit neceffaire, s'il vouloit vne paix, qu'elle
y retournaft, mais que d'y aller
fans moy fon voyage feroit encor
inutile, & croiftroit pluftoft le mal
que de le diminuer ; Qu'auffi de
m'y mener fans m'auoir premier
conten-

contentée, i'y nuirois pluſtoſt que
d'y ſeruir, & que meſme il ſeroit
à craindre qu'elle n'euſt de la peine
à me ramener, & que ie ne vouluſſe aller trouuer mon mary ; Qu'il
falloit m'oſter les gardes, & trouuer moyen de me faire oublier le
traittement qu'on m'auoit fait.
Ce que le Roy trouua bon, & s'y
affectionna autant qu'elle. Soudain elle m'enuoye querir, me diſant qu'elle auoit tant fait qu'elle
auoit diſpoſé les choſes à la voye
d'vne paix ; Que c'eſtoit le bien de
cet Eſtat, qu'elle ſçauoit que mon
frere & moy auions touſiours de-
ſiré ; Qu'il ſe pouuoit faire vne paix
ſi aduantageuſe pour mon frere,
qu'il auroit occaſion de reſter content, & hors de la tyrannie de du
Guaſt, & de tous autres tels mali-

K

cieux qui pourroient poffeder le
Roy ; Qu'en outre tenant la main
à faire vn bon accord entre le Roy
& mon frere, ie la deliurerois d'vn
mortel ennuy qui la poffedoit, fe
trouuant en tel eftat, qu'elle ne
pouuoit fans mortelle offenfe receuoir la nouuelle de la victoire de
l'vn ou de l'autre de fes fils; Qu'elle
me prioit que l'iniure que i'auois
receuë ne me feit defirer pluftoft la
vengeance que la paix; Que le Roy
en eftoit marry ; qu'elle l'en auoit
veu pleurer ; & qu'il m'en feroit
telle fatisfaction que i'en refterois
contente. Ie luy refpondis que ie
ne prefererois iamais mon bien
particulier au bien de mes freres &
de cet Eftat , pour le repos & contentement duquel ie me voudrois
facrifier; Que ie ne fouhaittrois rien

tant qu'vne bonne paix , & que i'y
voudrois feruir de tout mon pouuoir. Le Roy entra fur cela en fon
cabinet , qui auec vne infinité de
belles parolles tafcha à me fatisfai-
re, & me conuia à fon amitié, voyát
que ny mes façons ny mes parolles ne demonftroient aucun reffen-
timent de l'iniure que i'auois receuë. Ce que ie faifois plus pour
le mefpris de l'offenfe que pour fa
fatisfaction ; ayant paffé le temps
de ma captiuité au plaifir de la lecture, où ie commençay lors à me
plaire; n'ayant cette obligation à la
fortune, mais pluftoft à la prouidence diuine , qui dés lors commença à me produire vn fi bon remede pour le foulagement des ennuis qui m'eftoient preparez à l'ad-
uenir. Ce qui m'eftoit auffi vn a-

K ij

cheminement à la deuotion, lisant
en ce beau liure vniuersel de la nature tát de merueilles de son Crea-
teur. Car toute ame bien née faisant de cette cognoissance vne es-
chelle, de laquelle Dieu est le dernier & le plus haut eschellon, rauie
se dresse à l'adoration de la mer-
ueilleuse lumiere & splendeur de
cette incomprehensible Essence;
& faisant vn cercle parfait ne se
plaist plus à autre chose qu'à suiure
cette chaisne d'Homere, cette a-
geable encyclopedie, qui part de
Dieu mesme, principe & fin de toutes choses. Et la tristesse contraire
à la ioye, qui emporte hors de nous
les pensées de nos actions, resueille nostre ame en soy-mesme, qui
rassemblant toutes ses forces pour
reietter le mal & rechercher le

bien , pense & repense sans cesse pour choisir ce souuerain bien , au-quel pour asseurance elle puisse trouuer quelque tranquilité ; qui sont de belles dispositions pour venir à la cognoissance & amour de Dieu. Ie receus ces deux biens de la tristesse & de la solitude à ma premiere captiuité , de me plaire à l'estude , & m'adonner à la deuo-tion , bien que ie ne les eusse iamais goustées entre les vanitez & ma-gnificences de ma prospere fortu-ne. Le Roy, comme i'ay dit , ne voyant en moy nulle apparence de mescontentement , me dit que la Roine ma mere s'en alloit trouuer mon frere en Champagne pour traitter vne paix ; qu'il me prioit de l'accompagner, & y apporter tous les bons offices que ie pourrois ; &

K iij

qu'il fçauoit que mon frere auoit
plus de creance en moy qu'en tout
autre ; Que de ce qui viendroit de
bien eu cela il m'en donneroit
l'honneur, & m'en refteroit obligé. Ie luy promis ce que ie voulois
faire, car c'eftoit le bien de mon
frere & celuy de l'Eftat, qui eftoit
de m'y employer en forte qu'il en
refteroit content. La Roine ma
mere part, & moy auec elle, pour
aller à Sens, la conference fe deuât faire en la maifon d'vn Gentil-
homme à vne lieuë de là. Le len-
main nous allafmes au lieu de la
conference. Mon frere s'y trouua,
accompagné de quelques vnes de
fes trouppes,& des principaux Seigneurs & Princes Catholiques de
fon armée, entre lefquels eftoit le
Duc Cafimir, & le Colonnel

Poux , qui luy auoient amené fix mille Reiftres , par le moyen de ceux de la religion qui s'eftoient ioints auec mon frere à caufe du Roy mon mary. L'on rraitta là par plufieurs iours les conditions de la paix, y ayant plufieurs difputes fur les articles, principalemét fur ceux qui concernoient ceux de la religion,aufquels on accorda des conditions plus auantageufes qu'on n'auoit enuie de leur tenir, comme il parut bien depuis ; le faifant la Roine ma mere pour auoir la paix, renuoyer les Reiftres , & retirer mon frere d'auec ceux defquels il n'auoit moins d'enuie de fe feparer, pour auoir toufiours efté tres-bon Catholique, & ne s'eftre feruy des Huguenots que par neceffité. En cette paix il fut donné partage à mon frere selon sa qualité ; à quoy mõ frere vouloit que ie fusse comprise , me faisant lors establir l'assignat de mon dot en terres ; & Monsieur de Beauuais, qui estoit deputé pour son party , y insistoit fort pour moy. Mais la Roine ma mere me pria que ie ne le permisse, & qu'elle m'asseuroit que i'aurois du Roy ce que ie luy demanderois. Ce qui me fit les prier de ne m'y comprendre,& que i'aimois mieux auoir de gré ce que i'aurois du Roy & de la Roine ma mere , estimant qu'il me seroit plus asseuré. La paix estant concluë , & les asseurances prises d'vne part & d'autre, la Roine ma mere se disposant à s'en retourner , ie receus lettres du Roy mon mary , par lesquelles il me faisoit paroistre qu'il auoit beaucoup

de desir de me voir, me priant soudain que ie verrois la paix faite de
demander mon congé pour le venir trouuer. I'en suppliay la Roine
ma mere. Elle me reiette cela, &
par toutes sortes de persuasions
tasche de m'en diuertir, me disant
que lors qu'aprez la sainct Barthelemy ie ne voulus receuoir la pro-
position qu'elle me fit de me separer de nostre mariage, elle loüa lors
mon intention, parce qu'il s'estoit
fait Catholique. Mais qu'à cette
heure qu'il auoit quitté la Religion
Catholique & qu'il s'estoit fait Huguenot, elle ne me pourroit permettre que i'y allasse. Et voyát que
i'insistois tousiours pour auoir
mon congé, elle auec la larme à
l'œil dit, que si ie ne reuenois auec
elle ie la ruinerois ; Que le Roy

croiroit qu'elle me l'auroit fait faire , & qu'elle luy auoit promis de
me ramener , & qu'elle feroit que
i'y demeurerois iufques à ce que
mon frere y fuft ; Qu'il y viendroit
bien toft, & que foudain aprez elle
me feroit donner mon congé.
Nous nous en retournafmes à Paris trouuer le Roy , qui nous re-
ceuft auec beaucoup de contentement d'auoir la paix ; mais toutesfois agreant peu les aduantageufes
conditions des Huguenots , & fe
deliberant bien foudain qu'il auroit mon frere à la Cour, de trouuer vne inuention pour r'entrer en
guerre contre lefdits Huguenots,
pour ne les laiffer iouïr de ce qu'à
regret & par force on leur auoit
accordé feulement pour en retirer
mon frere ; lequel demeura vn

mois ou deux pour donner ordre
à renuoyer les Reiſtres, & licencier
le reſte de ſon armée. Il arriua a-
prez à la Cour auec toute la nobleſſe Catholique qui l'auoit aſſiſté.
Le Roy le receut auec tout honneur , monſtrant auoir beaucoup
de contentement de le reuoir, & fit
bône chere auſſi à Buſſi qui y eſtoit,
car le Guaſt lors eſtoit mort, ayant
eſté tué par vn iugement de Dieu
lors qu'il ſuoit vne diette , comme
auſſi c'eſtoit vn corps gaſté de toutes ſortes de vilainies, qui fut donné à la pourriture qui dés long
temps le poſſedoit, & ſon ame aux
Dæmons, à qui il auoit fait hom-
mage par magie & toutes ſortes de
meſchancetez. Ce fuſil de haine &
de diuiſion eſtant oſté du monde,
& le Roy n'ayant ſon eſprit bandé

qu'à la ruine des Huguenots , fe
voulant feruir de mon frere contre
eux pour rendre mon frere & eux
irreconciliables , & craignant qu'à
cette raifon i'allaffe trouuer le Roy
mon mary , nous faifoit à l'vn & à
l'autre toutes fortes de careffes &
de bonne chere pour nous faire
plaire à la Cour. Et voyant qu'en
ce mefme temps Monfieur de Duras eftoit arriué de la part du Roy
mon mary pour me venir querir,
& que ie le preffois fort de me laiffer aller , qu'il n'y auoit plus lieu de
me refufer , il me dit (monftrant
que c'eftoit l'amitié qu'il me portoit, & la cognoiffance qu'il auoit
de l'ornement que ie donnois à la
Cour, qui faifoit qu'il ne pouuoit
permettre que ie m'efloignaffe
que le plus tard qu'il pourroit)qu'il

me vouloit conduire iufques à
Poitiers, & renuoya Monfieur de
Duras auec cette affeurance. Il demeura quelques iours à partir de
Paris, retardant à me refufer ou-
uertement mon congé qu'il eut
toutes chofes preftes pour pouuoir
declarer la guerre, comme il l'auoit
deffeignée, aux Huguenots, & par
confequent au Roy mon mary. Et
pour y trouuer vn pretexte, on fait
courir le bruit que les Catholiques
fe plaignent des aduantageufes
conditions que l'on auoit accor-
dées aux Huguenots à la paix de
Sens. Ce murmure & mefcontentement des Catholiques paffe fi a-
uant, qu'ils viennent à fe liguer à la
Cour, par les Prouinces, & par les
villes, s'enroollants & fignants, &
faifants grand bruit, tacitement du

sceu du Roy monstrants vouloir
eslire Monsieur de Guise. Il ne se
parle d'autre chose à la Cour depuis Paris iusques à Blois , où le
Roy auoit fait côuoquer les Estats;
pendant l'ouuerture desquels le
Roy appella mon frere dans son
cabinet, auec la Roine ma mere &
quelques vns de Messieurs de son
Conseil. Il leur represente de quelle importance estoit pour son Estat
& pour son authorité la Ligue que
les Catholiques commençoient,
mesmes s'ils venoient à se faire des
chefs, & qu'ils esleussent ceux de
Guise ; Qu'il y alloit du leur plus
que de tous autres (entendant de
mon frere & de luy ;) Que les Catholiques auoiét raison de se plaindre , & que son deuoir & sa conscience l'obligeoient à mesconten-

ter pluſtoſt les Huguenots que les
Catholiques ; Qu'il prioit & coniuroit mon frere , comme fils de
France & bon Catholique qu'il
eſtoit , de le vouloir conſeiller &
aſſiſter en cet affaire, où il y alloit
du hazard de ſa Couronne & de la
Religion Catholique. Adjouſtant
à cela qu'il luy ſembloit que pour
couper le chemin à cette dangereu-
ſe Ligue , luy-meſme s'en deuoit
faire le chef , & pour monſtrer
combien il auoit de zele à ſa religion,& les empeſcher d'eſlire d'autre chef, la ſigner le premier comme chef , & la faire ſigner à mon
frere , & à tous les Princes & Seigneurs , Gouuerneurs , & autres
ayants charge en ſon Royaume.
Mon frere ne pûſt que luy offrir
le ſeruice qu'il deuoit à ſa Majeſté,

& à la conseruation de la religion Catholique. Le Roy ayant pris l'asseurance de l'assistance de mon frere en cette occasion, qui estoit la principale fin où tendoit l'artifice de cette Ligue, soudain fait appeller tous les Princes & Seigneurs de sa Cour, se fait apporter le roolle de ladite Ligue, y signe le premier comme chef, & y fait signer mon frere & tous les autres qui n'y auoient encor. signé. Le lendemain ils ouurent les Estats, ayant pris l'aduis de Messieurs les Euesques de Lyon, d'Ambrun, & de Vienne, & des autres Prelats qui estoient à la Cour, qui luy persuaderent qu'aprez le sermét qu'il auoit fait à son sacre, nul serment qu'il pûst faire aux heretiques ne pouuoit estre valable, ledit serment

de

de son sacre l'affranchissant de toutes les promesses qu'il auoit pû faire aux Huguenots. Ce qu'ayant
prononcé à l'ouuerture des Estats,
& ayant declaré la guerre aux Huguenots , il renuoya Genissac le
Huguenot, qui depuis peu de iours
estoit là de la part du Roy mon mary pour aduancer mon partement,
auec parolles rudes & pleines de
menaces , luy disant qu'il auoit
donné sa sœur à vn Catholique,
non à vn Huguenot , & que si le
Roy mõ mary auoit enuie de m'a-
uoir qu'il se fit Catholique. Toutes sortes de preparatifs à la guerre
se font, & ne se parle à la Cour que
de guerre; & pour rendre mon frere plus irreconciliable auec les Huguenots, le Roy le fait chef d'vne
de ses armées. Genissac m'estant

L

venu dire le rude congé que le Roy
luy auoit donné, ie m'en vais droit
au cabinet de la Roine ma mere, où
le Roy eſtoit, pour me plaindre de
ce qu'il m'auoit iuſques alors abu-
ſée, m'ayant touſiours empeſchée
d'aller trouuer le Roy mon mary,
& ayant feint de partir de Paris
pour me conduire à Poitiers pour
faire vn effet ſi contraire. Ie luy repreſentay que ie ne m'eſtois pas
mariée pour plaiſir ny de ma volonté ; Que ç'auoit eſté de la volonté du Roy Charles, de la Roine ma mere, & de luy ; Que puis
qu'ils me l'auoient donné, ils ne
me pouuoient point empeſcher de
courre ſa fortune ; Que i'y voulois
aller ; & que s'ils ne me le permet-
toient, ie me deſroberois, & y irois
de quelque façon que ce fuſt au

hazard de ma vie. Le Roy me respondit ; Il n'est plus temps, ma
sœur, de m'importuner de ce congé. I'aduouë ce que vous dites, que
i'ay retardé exprez pour vous le refuser du tout. Car depuis que le
Roy de Nauarre s'est refait Huguenot, ie n'ay iamais trouué bon
que vous y allassiez. Ce que nous
en faisons la Roine ma mere &
moy c'est pour vostre bien. Ie veux
faire la guerre aux Huguenots, &
exterminer cette miserable religion qui nous fait tant de mal ; &
que vous, qui estes Catholique, &
qui estes ma sœur , fussiez entre
leurs mains comme ostage de moy,
il n'y a point d'apparence. Et qui
sçait si pour me faire vne indignité
irreparable ils voudroient se venger sur vostre vie du mal que ie

L ij

leur feray ? Non, non, vous n'y irez
point ; & fi vous tafchez à vous
defrober, comme vous dites, faites
eftat que vous aurez & moy & la
Roine ma mere pour cruels ennemis, & que nous vous ferons reffentir noftre inimitié autant que
nous en aurons de pouuoir, & que
vous empirerez la condition de
voftre mary pluftoft que de l'a-
mender. Ie me retiray auec beaucoup de defplaifir de cette cruelle
fentence ; & prenát aduis des principaux de la Cour de mes amis &
amies, ils me reprefentent qu'il me
feroit mal feant de demeurer en
vne Cour fi ennemie du Roy mon
mary, & d'où l'on luy feroit fi ou-
uertement la guerre, & qu'ils me
confeilloient pendant que cette
guerre dureroit de me tenir hors

de la Cour; mefmes qu'il me feroit
plus honorable de trouuer, s'il
eftoit poffible, quelque pretexte
pour fortir du Royaume, ou fous
couleur de pelerinage, ou pour vi-
fiter quelqu'vn de mes parens. Madame la Princeffe de la Roche-fur-
Yon eftoit de ceux que i'auois af-
femblez pour prendre leur aduis,
qui eftoit fur fon partement pour
aller aux eaux de Spa. Mon frere
auffi y eftoit prefent, qui auoit a-
mené auec luy Mondoucet, qui
auoit efté Agent du Roy en Flandre, & en eftant depuis peu reuenu, auoit reprefenté au Roy combien les Flamens fouffroient à regret l'vfurpation que l'Efpagnol
faifoit fur les loix de France de la
domination & fouueraineté de
Flandre; Que plufieurs Seigneurs

& Cómunautez de villes l'auoient
chargé de luy faire entendre combien ils auoient le cœur François,
& que tous luy tendoient les bras.
Mondoucet voyant que le Roy
mefprifoit cet aduis, n'ayant rien
en tefte que les Huguenots à qui il
vouloit faire reffentir le defplaifir
qu'ils luy auoiét fait d'auoir affifté
mon frere, ne luy en parla plus, &
s'adreffa à mon frere, qui ayant vn
vray naturel de Prince n'aimoit
qu'à entreprendre chofes grandes,
eftant plus né à cóquerir qu'à conferuer , lequel embraffe foudain
cette entreprife, qui luy plaift d'autant plus qu'il voit qu'il ne fait rien
d'iniufte, voulant feulement r'acquerir à la France ce qui luy eftoit
vfurpé par l'Efpagnol. Mondoucet pour cette caufe s'eftoit mis au

feruice de mon frere , qui le ren-
uoyoit en Flandre fous couleur
d'accompagner Madame la Princeffe de la Roche-fur-Yon aux
eaux de Spa ; lequel voyant que
chacun cherchoit quelque pretexte apparent pour me pouuoir tirer
hors de France durant cette guerre
(qui difoit en Sauoye, qui difoit en
Lorraine , qui à fainct Claude, qui
à noftre Dame de Lorette)dit tout
bas à mon frere ; Monfieur, fi la
Roine de Nauarre pouuoit feindre d'auoir quelque mal à quoy les
eaux de Spa , où va Madame la
Princeffe de la Roche-fur-Yon,
peuffent feruir, cela viendroit bien
à propos pour voftre entreprife de
Flandre, où elle pourroit faire vn
beau coup. Mon frere le trouua
fort bon , & fut fort aife de cette

L iiij

ouuerture, & s'efcria foudain ; O
Roine, ne cherchez plus, il faut que
vous alliez aux eaux de Spa , où va
Madame la Princeffe. Ie vous ay
veu quelquesfois vne erefipele au
bras; il faut que vous difiez que lors
les Medecins vous l'auoient ordonné, mais que la faifon n'y eftoit
pas fi propre; Qu'à cette heure c'eft
leur faifon, & que vous fuppliez le
Roy vous permettre d'y aller. Mon
frere ne fe declara pas dauantage
deuát cette compagnie pourquoy
il le defiroit, à caufe que Monfieur
le Cardinal de Bourbon y eftoit,
qu'il tenoit pour Guifart & Efpagnol. Mais moy, ie l'entendis foudain, me doutant bien que c'eftoit
pour l'entreprife de Flandre , dequoy Mondoucet nous auoit parlé à tous deux. Toute la compa-

gnie fuſt de cet aduis, & Madame
la Princeſſe de la Roche-ſur-Yon,
qui y deuoit aller, & qui m'aimoit
fort, en receut fort grand plaiſir, &
me promit de m'y accompagner,
& de ſe treuuer auec moy quand
i'en parlerois à la Roine ma mere
pour le luy faire trouuer bon. Le
lendemain ie trouuay la Roine ſeule, & luy repreſentay le mal & deſplaiſir que ce m'eſtoit de voir le
Roy mon mary en guerre contre
le Roy, & de me voir eſloignée de
luy; Que pendant que cette guerre
dureroit il ne m'eſtoit ny honorable ny bien-ſeant de demeurer à la
Cour ; Que ſi i'y demeurois ie ne
pouuois euiter de ces deux malheurs l'vn ; ou que le Roy mon
mary penſeroit que i'y fuſſe pour
mon plaiſir, & que ie ne le ſerui-

rois pas comme ie deuois ; ou que
le Roy prédroit foupçon de moy,
& croiroit que i'aduertirois toufiours le Roy mon mary ; Que l'vn
& l'autre me produiroient beaucoup de mal; Que ie la fuppliois de
trouuer bon que ie m'efloignaffe
de la Cour pour l'euiter ; Qu'il y
auoit quelque temps que les Medecins m'auoient ordonné les eaux
de Spa pour l'erefipele que i'auois
au bras, à quoy depuis fi lóg temps
i'eftois fuiette ; & que la faifon à
cette heure y eftant propre, il me
fembloit que fi elle le trouuoit bon
ce voyage eftoit bié à propos pour
m'efloigner en cette faifon , non
feulement de la Cour, mais de la
France , pour faire cognoiftre au
Roy mon mary que ne pouuant
eftre auec luy pour la deffiance du

Roy , ie ne voulois point eftre au lieu où on luy faifoit la guerre; Que i'efperois qu'elle par fa prudence difpoferoit les chofes auec le temps de telle façon, que le Roy mon mary obtiendroit vne paix du Roy, & rentreroit en fa bonne grace ; Que i'attendrois cette heureufe nouuelle pour lors venir prendre congé d'eux pour m'en aller trouuer le Roy mon mary ; & qu'en ce voyage de Spa Madame la Princeffe de la Roche-fur-Yon, qui eftoit là prefente, me faifoit cet honneur de m'accompagner. Elle approuua cette condition , & me dit qu'elle eftoit fort aife que i'euffe pris cet aduis ; Que le mauuais confeil que ces Euefques auoient donné au Roy de ne tenir fes promeffes , & rompre tout ce qu'elle

auoit promis & contracté pour luy,
luy auoit pour plusieurs considera-
rations apporté beaucoup de desplaisir ; mesmes voyant que cet impetueux torrent entraisnoit auec
soy & ruinoit les plus capables &
meilleurs seruiteurs que le Roy eust
en son Conseil, (car le Roy en es-
loigna quatre ou cinq des plus ap-
parens & plus entiers) mais qu'entre tout cela, ce qui luy trauailloit
le plus l'esprit, estoit de voir ce que
ie luy representois, que ie ne pouuois euiter, demeurant à la Cour,
l'vn de ces deux malheurs ; ou que
le Roy mon mary ne l'auroit agreable & s'en prendroit à moy; ou que
le Roy entreroit en deffiance de
moy pensant que i'aduertirois le
Roy mon mary; Qu'elle persuade-
roit au Roy de trouuer bó ce voya-

ge. Ce qu'elle fit, & le Roy m'en parla sans monstrer d'en estre en cholere , estant assez content de m'auoir pû empescher d'aller trouuer le Roy mon mary qu'il haïssoit lors plus qu'aucune chose du monde, & commanda que l'on despeschast vn courrier à Dom Iean d'Austriche qui commãdoit pour le Roy d'Espagne en Flandre, pour le prier de me bailler les passeports necessaires pour passer librement aux païs de son authorité , parce qu'il falloit bien auant passer dans la Flandre pour aller aux eaux de Spa qui sont aux terres de l'Euesché de Liege. Cela resolu nous nous separasmes tous à peu de iours de là (lesquels mon frere employa à m'instruire des offices qu'il desiroit de moy pour son entreprise de

Flandre) le Roy & la Roine ma
mere s'en allants à Poitiers pour
eftre plus prez de l'armée de Monfieur de Mayenne qui affiegeoit
Broüage, & qui de là deuoit paffer
en Gafcogne pour faire la guerre
au Roy mon mary; mon frere s'en
allant auec l'autre armée dequoy il
eftoit chef affieger Iffoire & les autres villes qu'il prit en ce temps-là;
& moy en Flandre, accompagnée
de Madame la Princeffe de la Roche-fur-Yon, de Madame de Tournon ma Dame d'honneur, de Madame de Moüy de Picardie, de
Madame la Caftelaine de Millon,
de Madamoifelle d'Atrie, de Madamoifelle de Tournon, & de fept
ou huict autres filles ; & d'hommes, de Monfieur le Cardinal de
Lenoncourt, de Monfieur l'Euef-

que de Langres , de Monfieur de
Moüy, Seigneur de Picardie, maintenant beaupere d'vn frere de la
Roine Louïfe , nommé le Comte
de Chaligny, de mon premier Maiftre d'hoftel , de mes premiers Ef-
cuyers, & autres Gentils-hommes
de ma maifon. Cette compagnie
pleut tant aux eftrangers qui la vei-
rent, & la trouuerent fi lefte, qu'ils
en eurent la France en beaucoup
plus d'admiration. I'allois en vne
littiere faite à pilliers doublez de
velours incarnadin d'Efpagne en
broderie d'or & de foye nuée à deuife. Cette littiere étoit toute vitrée,
& les vitres toutes faites à deuife; y
ayant, ou à la doubleure ou aux vitres, quarante deuifes toutes differentes, auec les mots en Efpagnol
& Italien, fur le Soleil & fes effets;

laquelle estoit suiuie de la littiere
de Madame de la Roche-sur-Yon,
& de celle de Madame de Tournon ma Dame d'honneur , & de
dix filles à cheual auec leur gouuernante , & de six carrosses ou
chariots , où alloit le reste des Dames & femmes d'elle & de moy. Ie
passay par la Picardie , où les villes
auoient commandement du Roy
de me receuoir selon que i'auois
cet honneur de luy estre, & me feirent tout l'honneur que i'eusse pû
desirer. Estant arriuée au Castelet,
qui est vn fort à trois lieuës de la
frontiere de Cambresis, l'Euesque
de Cambray, qui estoit lors terre
de l'Eglise qui ne recognoissoit le
Roy d'Espagne que pour protec-
teur, m'enuoya vn Gentil-homme
pour sçauoir l'heure à laquelle ie

parti-

partirois, pour venir au deuant de moy iufques à l'entrée de fes terres, où ie le treuuay tres-bien accompagné de gens qui auoient les habits & l'apparence de vrais Flaments, comme ils font fort groffiers en ce quartier-là. L'Euefque eftoit de la maifon de Barlemont, vne des principales de Flandre, mais qui auoit le cœur Efpagnol, comme ils ont monftré, ayants efté ceux qui ont le plus affifté Dom Iean. Il ne laiffa de me receuoir auec beaucoup d'honneur, & non moins de ceremonies Efpagnoles. Ie trouuay cette ville de Cambray, bien qu'elle ne foit baftie de fi bonne eftoffe que les noftres de France, beaucoup plus agreable, pour y eftre les ruës & places beaucoup mieux proportionnées, & difpo-

M

sées comme elles sont, & les Egli-
ses tres-grandes & belles, ornement commun à toutes les villes
de la France. Ce que ie recognus
en cette ville d'estime & de mar-
que, fust la citadelle, des plus belles
& des mieux acheuées de la Chre-
stienté. Ce que depuis elle feit bien
espreuuer aux Espagnols, estant
sous l'obeïssance de mon frere. Vn
honneste homme, nommé Monsieur d'Ainsi en estoit lors Gouuerneur, lequel en grace, en apparence, & en toutes belles parties requises à vn parfait Caualier n'en
deuoit rié à nos plus parfaits cour-
tisans, ne participant nullement de
cette naturelle rusticité qui semble
estre propre aux Flamens. L'Euesque nous fit festin, & nous donna
aprez soupper le plaisir du bal, où

il fit venir toutes les Dames de la
ville ; auquel ne se trouuant, & s'e-
stant retiré soudain aprez soupper,
pour estre , comme i'ay dit, d'humeur ceremonieuse & Espagnole,
Monsieur d'Ainsi estant le plus ap-
parét de la trouppe , il le laissa pour
m'entretenir durant le bal , & me
mener aprez à la collation de con-
fitures;imprudemment,ce me semble , veu qu'il auoit la charge de la
citadelle. I'en parle comme sça-
uante à mes despens , pour auoir
plus appris que ie n'en desirerois
comme il se faut comporter à la
garde d'vne place. La souuenance
de mon frere ne me partant iamais
de l'esprit, pour n'affectionner rien
tant que luy , ie me ressouuins lors
des instructions qu'il m'auoit don-
nées , & voyant la belle occasion

qui m'estoit offerte pour luy faire
vn bon seruice en son entreprise
de Flandre, cette ville de Cambray
& cette citadelle en estans comme
la clef, ie ne la laissay perdre, & em-
ployay tout ce que Dieu m'auoit
donné d'esprit à rendre Monsieur
d'Ainsi affectionné à la France, &
particulierement à mon frere. Dieu
permit qu'il me reüssit, si bien que
se plaisant en mon discours, il deli-
bera de me voir le plus long temps
qu'il pourroit, & de m'accompagner tant que ie serois en Flandre;
& pour cet effet demanda congé à
son maistre de venir auec moy iusques à Namur, où Dom Iean d'Austriche m'attendoit, disant qu'il
desiroit de voir les triomphes de
cette reception. Ce Flament Es-
pagnolisé, fust neantmoins si mal

aduifé que de le luy permettre. Pendant ce voyage , qui dura dix ou
douze iours, il me parla le plus fouuent qu'il pouuoit , monftrant ou-
uertement qu'il auoit le cœur tout
François, & qu'il ne refpiroit que
l'heure d'auoir vn fi braue Prince
que mon frere pour maiftre & Seigneur, mefprifant la fubjection &
domination de fon Euefque , qui
bien qu'il fuft fon fouuerain n'e-
ftoit que Gentil-homme comme
luy, mais beaucoup fon inferieur
aux qualitez & graces de l'efprit &
du corps.

Partant de Cambray i'allay coucher à Valenciennes, terre de Flandre, où Monfieur le Comte de Lalain, Monfieur de Montigny fon
frere, & plufieurs autres Gentils-
hommes au nombre de deux ou

M iij

trois cens vindrent au deuant de
moy pour me reccuoir au fortir
des terres de Cambrefis, iufques où
l'Euefque de Cambray m'auoit
conduitte. Eftant arriuee à Valenciennes, ville qui cede en force à
Cambray, & non en l'ornement
des belles places & des belles Eglifes, où les fontaines & les horologes, auec induftrie propre aux Alle-
mans, ne donnoient peu de merueille à nos François, ne leur eftant
commun de voir des horologes
reprefenter vne agreable mufique
de voix auec autant de fortes de
perfonnes que le petit chafteau
que l'on alloit voir au faux-bourg
fainct Germain. Mófieur le Comte de Lalain, cette ville eftant de
fon gouuernement, feit feftin aux
Seigneurs & Gentils-hommes de

ma trouppe, remettant à Monts à
traitter les Dames, où fa femme, fa
belle fœur Madame d'Aurée, &
toutes les plus apparentes & galantes Dames m'attendoient pour
me receuoir, & où le Comte &
toute fa trouppe me conduifit le
lendemain. Il fe difoit eftre parent
du Roy mon mary, & eftoit perfonne de grande authorité & de
grands moyens, auquel la domination d'Efpagne auoit toufiours
efté odieufe, en eftant tres-offenfé
depuis la mort du Comte d'Aigmont qui luy eftoit proche parent.
Et bien qu'il eut maintenu fon
gouuernement fans eftre entré en
la ligue du Prince d'Orange ny des
Huguenots, eftant Seigneur tres-
Catholique, il n'auoit iamais voulu voir Dom Iean, qui ne l'auoit

oſé forcer de faire au cótraire, craignant s'il l'attaquoit de faire ioindre la ligue des Catholiques de
Flandre, que l'on nomme la ligue
des Eſtats , à celle du Prince d'O-
range & des Huguenots, preuoyát
bien que cela luy donneroit autant
de peine , comme depuis ceux qui
ont eſté pour le Roy d'Eſpagne
l'ont eſprouué. Le Comte de Lalain eſtant tel, ne pouuoit aſſez faire de demóſtration du plaiſir qu'il
auoit de me voir là ; & quand ſon
Prince naturel y eut eſté, il ne l'euſt
pû receuoir auec plus d'honneur &
de demonſtration de bien-vueillance & d'affection. Arriuant à
Monts à la maiſon du Comte de
Lalain, où il me feit loger, ie trouuay à la court la Comteſſe de Lalain ſa femme auec bien quatre

vingts ou cent Dames du païs ou
de la ville, de qui ie fus receuë, non
comme Princeſſe eſtrangere, mais
comme ſi i’euſſe eſté leur naturelle
Dame. Le naturel des Flamendes
eſtant d’eſtre priuées, familieres, &
ioyeuſes, & la Comteſſe de Lalain
tenant de ce naturel, ayant dauantage vn eſprit grand & eſleué, de
quoy elle ne reſſembloit moins à
voſtre couſine que du viſage & de
la façon, cela me donna ſoudain
aſſeurance qu’il me ſeroit aiſé de
faire amitié eſtroitte auec elle.
L’heure du ſoupper venuë nous al-
lons au feſtin & au bal, que le Comte de Lalain continua tant que ie
fus à Monts; qui fut plus que ie ne
penſois, eſtimant de deuoir partir
le lendemain. Mais cette honneſte
femme me contraignit de paſſer

vne femaine auec eux. Ce que ie ne
voulois faire , craignant de les incommoder. Mais il ne me fuſt poſ-
ſible de le perſuader à ſon mary ny
à elle , qui encore à toute force me
laiſſerent partir au bout de huiⅽt
iours. Viuant auec telle priuauté
auec elle , elle demeura à mon coucher fort tard , & y euſt demeuré
dauantage , mais elle faiſoit choſe
peu commune à perſonnes de telle
qualité ; ce qui toutesfois teſmoi-
gne vne nature accompagnée d'v-
ne grande bonté. Elle nourriſſoit
ſon petit fils de ſon lait , de ſorte
qu'eſtant le lendemain au feſtin aſſiſe tout auprez de moy à la table,
qui eſt le lieu où ceux de ce païs-là
ſe communiquent auec plus de
franchiſe , n'ayant l'eſprit bandé
qu'à mon but, qui n'eſtoit que d'a-

uancer le deſſein de mon frere, elle
parée & toute couuerte de pierreries & de broderies, auec vne robil-
le à l'Eſpagnole de toile d'or noi-
re, auec des bandes de broderie de
canetille d'or & d'argent, & vn
pourpoint de toile d'argent blanche en broderie d'or, auec des gros
boutons de diamant (habit appro-
prié à l'office de nourrice) l'on luy
apporta à la table ſon petit fils, em-
maillotté auſſi richement qu'eſtoit
veſtuë la nourrice, pour luy donner à taitter. Elle le met entre nous
deux ſur la table, & librement ſe
deboutonne baillant ſon tetin à
ſon petit. Ce qui euſt eſté tenu à
inciuilité à quelqu'autre ; mais elle
le faiſoit auec tant de grace & de
naïfueté, comme toutes ſes actions
en eſtoient accompagnées, qu'elle

en receut autant de loüanges **que**
la compagnie de plaisir. Les tables
leuées, le bal commença en la sale
mesme que nous estions, qui estoit
grande & belle , où estants assises
l'vne auprez de l'autre, ie luy dis
qu'encores que le contentement
que ie receuois lors en cette compagnie se púst mettre au nombre
de ceux qui m'en auoient plus fait
ressentir, ie souhaittois presque de
ne l'auoir point receu, pour le desplaisir que ie receurois partant d'a-
uec elle , de voir que la fortune
nous tiendroit pour iamais priuez
du plaisir de nous voir ensemble;
Que ie tenois pour vn des malheurs de ma vie que le Ciel ne nous
eust fait naistre elle & moy d'vne
mesme patrie. Ce que ie disois pour
la faire entrer aux discours qui

pouuoiét seruir au dessein de mon
frere. Elle me respondit ; Ce païs
a esté autresfois de France, & à cette cause l'on y plaide encor en François , & cette affection naturelle
n'est pas encor sortie du cœur de la
pluspart de nous. Pour moy,ie n'ay
plus autre chose en l'ame depuis
que i'ay eu l'honneur de vous voir.
Ce païs a esté autresfois affectionné à la maison d'Austriche , mais
cette affection nous a esté arrachée
en la mort du Comte d'Aigmont,
de Monsieur de Horne , de Monsieur de Montigny , & des autres
Seigneurs qui furent lors desfaits,
qui estoient nos proches parens, &
appartenants à la pluspart de la noblesse de ce païs. Nous n'auons
rien de plus odieux que la domination de ces Espagnols , & ne sou-

haittons rien tant que de nous deliurer de leur tyrannie, & ne fçau-
rions toutesfois comme y proceder, pource que ce païs eft diuifé à
caufe des differentes religions. Quĕ
fi nous eftions tous bien vnis, nous
aurions bien toft ietté l'Efpagnol
dehors ; mais cette diuifion nous
rend trop foibles. Que pleuft à
Dieu qu'il prift enuie au Roy de
France voftre frere de r'acquerir ce
païs , qui eft fien d'ancienneté!
Nous luy tendrions tous les bras.
Elle me difoit cecy à l'improuifte,
mais premeditément pour trouuer
du cofté de la Fráce quelque remede à leurs maux. Moy, me voyant
le chemin ouuert à ce que ie defirois, ie luy refpondis ; Le Roy de
France mon frere n'eft d'humeur
pour entreprendre des guerres

estrangeres, mesmes ayant en son
Royaume le party des Huguenots,
qui est si fort que cela l'empesche-
ra tousiours de rien entreprendre
dehors. Mais mon frere Monsieur
d'Alençon, qui ne doit rien en valeur, prudence, & bonté, aux Rois
mes pere & freres, entendroit bien
à cette entreprise,& n'auroit moins
de moyens que le Roy de France
mon frere de vous y secourir. Il est
nourry aux armes, & estimé vn des
meilleurs Capitaines de nostre
temps, estant mesmes à cette heure
commandant l'armée du Roy contre les Huguenots, auec laquelle il
a pris depuis quie' ie suis partie sur
eux vne tres-forte ville nommée
Issoire, & quelques autres. Vous
ne sçauriez appeller Prince de qui
le secours vous soit plus vtile, pour

vous estre si voisin , & auoir vn si
grád Royaume que celuy de France à sa deuotion , duquel il peut tirer & moyens & toutes commoditez necessaires à cette guerre. Et
s'il receuoit le bon office de Monsieur le Comte vostre mary , vous
vous pouuez asseurer qu'il auroit
telle part à sa fortune qu'il voudroit, mon frere estant d'vn naturel doux , non ingrat , qui ne se
plaist qu'à recognoistre vn seruice
ou vn bon office receu. Il honore
& cherit les gens d'honneur & de
valeur , aussi est-il suiuy de tout ce
qui est de meilleur en France. Ie
crois que l'on traittera bien tost
d'vne paix en France auec les Huguenots , & qu'à mon retour en
France ie la pourray trouuer faite.
Si Monsieur le Comte vostre mary
est

est en cecy de mesme opinion que
vous & de mesme volonté, qu'il
aduise s'il veut que i'y dispose mon
frere, & ie m'asseure que ce païs,
& vostre maison en particulier, en
receura toute felicité. Que si mon
frere s'establissoit par vostre moyé
icy, vous pouuez croire que vous
m'y reuerriez souuent, estant nostre amitié telle qu'il n'y en eust iamais vne de frere à sœur si parfaite.
Elle receust auec beaucoup de contentement cette ouuerture, & me
dit qu'elle ne m'auoit pas parlé de
cette façon à l'aduanture ; mais
voyát l'hóneur que ie luy faisois de
l'aimer, elle auoit bien resolu de ne
me laisser partir de là qu'elle ne me
descouurit l'estat auquel il estoit,
& qu'ils ne me requissent de leur
apporter du costé de France quel-

N

que remede pour les affranchir de
la crainte où ils viuoient de fe voir
en vne perpetuelle guerre , ou re-
duits fous la tyrannie Efpagnole;
me priant que ie trouuaffe bon que
elle defcouurit à fon mary tous les
propos que nous auiós eu, & qu'ils
m'en puffent parler le lendemain
tous deux enfemble. Ce que ie trou
uay trefbon. Nous paffafmes cette
aprefdifnée en tels difcours, & en
tous autres que ie penfois feruir à
ce deffein ; à quoy ie voyois qu'elle prenoit vn grand plaifir. Le bal
eftant finy nous allafmes ouïr Vef-
pres aux Chanoineffes, qui eft vn
ordre de Religieufes de quoy nous
n'auons point en France. Ce font
toutes Damoifelles que l'on y met
petites pour faire profiter leur mariage iufques à ce qu'elles foient en

aagede se marier. Elles ne logent
pas en dortoir , mais en maisons
separées, toutesfois toutes dans vn
enclos comme les Chanoines , &
en chasque maison il y en a trois,
ou quatre, ou cinq, ou six ieunes
auec vne vieille, desquelles vieilles
il y en a quelque nombre qui ne se
marient point , ny aussi l'Abbesse.
Elles portent seulement l'habit de
religion le matin au seruice de l'E-
glise, & l'apresdisnée à Vespres, &
soudain que le seruice est fait elles
quittent l'habit, & s'habillét comme les autres filles à marier , allans
par les festins & par les bals librement comme les autres ; de sorte
qu'elles s'habillent quatre fois le
iour. Elles se trouuerent tous les
iours au festin & au bal,& y danse-
rent d'ordinaire. Il tardoit à la

Comtesse de Lalain que le soir ne
fut venu pour faire entendre à son
mary le bon commencemét qu'elle auoit donné à leurs affaires. Ce
qu'ayant fait la nuit suiuante , le
lendemain elle m'amena son mary,
qui me fait vn grand discours des
iustes occasions qu'il auoit de s'affranchir de la tyrannie de l'Espagnol. En quoy il ne pensoit point
entreprendre contre son Prince
naturel , sçachant que la souuerai-
neté de Flàdre appartenoit au Roy
de France. Il me representa les
moyés qu'il y auoit d'establir mon
frere en Flandre, ayant tout le Hainaut à sa deuotion , qui s'estendoit
iusques bien prez de Bruxelles. Il
n'estoit en peine que du Cambresis, qui estoit entre la Flandre & le
Hainaut, & me dit qu'il seroit bon

de gaigner Monsieur d'Ainsi. Mais
ie luy dis que ie le priois luy-mesme
de s'y employer, & qu'il le pourroit mieux faire que moy, estant
son voisin & amy. L'ayant donc
asseuré de l'estat qu'il pourroit faire de l'amitié & bien-vueillance de
mon frere, à la fortune duquel il
participeroit autant de grandeur
& d'authorité qu'vn si grand & si
signalé seruice receu d'vne personne de sa qualité le meritoit, nous re-
solusmes qu'à mon retour ie m'ar-
resterois chez moy à la Fere, où
mon frere viendroit, & que Monsieur de Montigny, frere dudit
Comte de Lalain, viendroit traitter auec mon frere de cette affaire.
Pendant que ie fus là ie le confir-
may & fortifiay tousiours en cette
volonté; à quoy sa femme appor-

toit non moins d'affection que
moy. Et le iour venu qu'il me falloit partir de cette belle cópagnie
de Monts, ce ne fut fans recipro-
que regret & de toutes les Dames
Flamendes & de moy, & fur tout
de la Comteffe de Lalain, pour l'a-
mitié tres-grande qu'elle m'auoit
voüée, & me feit promettre qu'à
mon retour ie pafferois par là. Ie
luy donnay vn carquan de pierreries , & à fon mary vn cordon &
enfeigne de pierreries , qui furent
eftimez de grande valeur ; mais
beaucoup cheris d'eux pour partir
de la main d'vne perfonne qu'ils
aimoient comme moy. Toutes les
Dames demeurerent là fors Madame d'Aurec qui veint à Namur où
i'allay coucher ce iour-là. Son mary & fon beau frere Monfieur le

Duc d'Arfcot y eftoient, y ayants toufiours demeuré depuis la paix entre le Roy d'Efpagne & les Eftats de Flandre. Car bien qu'ils fuffent du party des Eftats , le Duc d'Arf-cot eftoit vn vieil Courtifan des plus galants qui fuffent de la Cour du Roy Philippes, du temps qu'il eftoit en Flandre & en Angleter-re , qui fe plaifoit toufiours à la Cour auprez des grands. Le Com-te de Lalain auec toute la nobleffe me côduifit le plus auant qu'il pût bien deux lieuës hors de fon gou-uernement, & iufques à tant que l'on veit paroiftre la trouppe de Dom Iean. Lors il prit congé de moy, pource que, comme i'ay dit, ils ne fe voyoient point. Monfieur d'Ainfi feulement veint auec moy, pour eftre fon maiftre l'Euefque

de Cambray du party d’Eſpagne.
Cette belle & grande trouppe s’en
eſtant retournée, ayant fait peu de
chemin, ie trouuay Dom Iean d’Au-
ſtriche accompagné de force eſta-
fiers, mais ſeulement de vingt ou
trente cheuaux, accompagné des
Seigneurs le Duc d’Arſcot, Monſieur d’Aurec, le Marquis de Va-
rembon, & le ieune Balençon gouuerneur pour le Roy d’Eſpagne du
Comté de Bourgogne, qui galants
& honneſtes hommes eſtoient venus en poſte pour ſe trouuer là à
mon paſſage. Des domeſtiques
de Dom Ieã il n’y en auoit de nom
& d’apparence qu’vn Ludouic de
Gonzague, qui ſe diſoit parent du
Duc de Mantoüe. Le reſte eſtoit
de petites gens de mauuaiſe mine,
n’y ayant nulle nobleſſe de Flan-

dre. Il meit pied à terre pour me
falüer dans ma littiere, qui eftoit
releuée & toute ouuerte. Ie le fa-
lüay à la Françoife luy , le Duc
d'Arfcot , & Monfieur d'Aurec.
Aprez quelques honneftes parolles
il remonta à cheual, parlant toufiours à moy iufques à la ville , où
nous ne pûfmes arriuer qu'il ne fut
foir, pour ne m'auoir les Dames de
Monts permis de partir que le plus
tard qu'elles pûrent ; mefmes m'a-
yants amufé dans ma littiere plus
d'vne heure à la confiderer, prenáts
vn extréme plaifir à fe faire donner
l'intelligence des deuifes. L'ordre
toutesfois fuft fi beau à Namur,
comme les Efpagnols font excel-
lents en cela, & la ville fi efclaircie,
que les feneftres & boutiques eftás
pleines de lumiere l'on voyoit lui-

re vn nouueau iour.   Ce foir Dom
Iean feit feruir & moy & mes gens
dans les logis & les chambres, eftimant qu'aprez vne longue iournée il n'eftoit raifonnable de nous
incommoder d'aller à vn feftin. La
maifon où il me logea eftoit accommodée pour me receuoir , où
l'on auoit trouué moyen d'y faire
vne belle & grande fale, & vn ap-
partement pour moy de chambres
& de cabinets , le tout tendu des
plus beaux,riches,& fuperbes meubles que ie penfe iamais auoir veus,
eftants toutes les tapifferies de velours ou de fatin , faites auec de
groffes colonnes faites de toille
d'argent couuertes de broderie de
gros cordons & des godrons de
broderie d'or , efleuez de la plus riche & belle façon qui fe peut voir,

& au milieu de ces colonnes des gráds perſonnages habillez à l'antique, & faits de la meſme broderie. Monſieur le Cardinal de Lenócourt, qui auoit l'eſprit curieux & delicat, s'eſtant rendu familier du Duc d'Arſcot, vieil courtiſan, comme i'ay dit, d'humeur galante & belle, tout l'honneur certes de la trouppe de Dom Iean, conſiderant vn iour que nous fuſmes là ces magnifiques & ſuperbes meubles, luy dit ; Ces meubles me ſemblent pluſtoſt d'vn grand Roy, que d'vn ieune Prince à marier tel qu'eſt Dom Iean. Le Duc d'Arſcot luy reſpondit ; Ils ont eſté faits auſſi de fortune, & non de preuoyance ny d'abondance, les eſtoffes luy ayant eſté enuoyées par vn Baſcha du grand Seigneur, duquel en la notable victoire qu'il euſt, contre le Turc il auoit eu pour priſonniers les enfans. Et le Seigneur Dom Iean luy ayãt fait courtoiſie de les luy renuoyer, & ſans rançon, le Baſcha pour reuenche luy feit preſent d'vn grand nombre d'eſtoffes de ſoye, d'or, & d'argent, qui luy arriuerent eſtant à Milan, où l'on approprie mieux telle choſe. Il en feit faire les tapiſſeries que vous voyez, & pour la ſouuenance de la glorieuſe façon dequoy il les auoit acquiſes, il fit faire le lict & la tente de la chambre de la Roine en broderie des batailles nouuelles repreſentans la glorieuſe victoire de la bataille qu'il auoit gaignée ſur les Turcs. Le matin eſtant venu, Dom Iean nous feit ouïr vne Meſſe à la façon d'Eſpagne, auec muſique,

violons, & cornets ; & allants de là
au festin de la grande sale nous dis-
nasmes luy & moy seuls en vne table, la table du festin où estoient
les Dames & Seigneurs esloignée trois pas de la nostre, où Madame d'Aurec faisoit l'honneur de
la maison pour Dom Iean, luy se
faisant donner à boire à genoux
par Ludouic de Gonzague. Les
tables leuées le bal commença, qui
dura toute l'apresdisnée. Le soir se
passe de cette façon , Dom Iean
parlant tousiours à moy, & me disant souuent qu'il voyoit en moy
la ressemblance de la Roine sa Si-
gnora, qui estoit la feuë Roine ma
sœur qu'il auoit beaucoup hono-
rée, me tesmoignát par tout l'honneur & courtoisie qu'il pouuoit
faire à moy & à toute ma trouppe,

qu'il receuoit tres-grand plaifir de
me voir là. Les batteaux où ie deuois aller par la riuiere de Meufe
iufques au Liege ne pouuants eftre
fi toft prefts , ie fus contrainte de
feiourner le lendemain, où ayant
paffé toute la matinée cóme le iour
de deuant, l'aprefdifnée nous mettans dans vn tres-beau batteau fur
la riuiere, enuironné d'autres batteaux pleins de haut-bois, cornets,
& violons , nous abordafmes en
vne Ifle, où Dom Iean auoit fait
apprefter le feftin dans vne belle
fale faite de lierre, accommodée de
cabinets autour remplis de mufique , & de haut-bois & autres in-
ftruments, qui dura tout le long du
foupper. Les tables leuées, le bal
ayant duré quelque heure , nous
nous en retournafmes dans le mef-

me batteau qui nous auoit con-
duits iufques là , & lequel Dom
Iean m'auoit fait preparer pour
mon voyage. Le matin voulant
partir Dom Iean m'accompagna
iufques dans le batteau , & aprez
vn honnefte & courtois à Dieu,
me bailla pour m'accompagner
iufques à Huy où i'allois coucher,
premiere ville de l'Euefque de Liege , Monfieur & Madame d'Aurec. Dom Iean forty, Monfieur
d'Ainfi , qui demeura le dernier
dans le batteau , & n'auoit congé
de fon maiftre de me conduire plus
loing , prend congé de moy auec
autant de regrets que de protefta-
tions d'eftre à iamais feruiteur de
mon frere & de moy. La fortune
enuieufe & traiftreffe ne pouuant
fupporter la gloire d'vne fi heureu-

se fortune qui m'auoit accompagnée iusques là en ce voyage, me
donna deux siniſtres augures des
trauerſes que pour contenter ſon
enuie elle me preparoit à mon retour; dont le premier fut, que ſoudain que le batteau commença à
s'eſloigner du bord Madamoiſelle
de Tournon ma Dame d'honneur,
Damoiſelle tres-vertueuſe, & accompagnée des graces que i'aimois fort, prit vn mal ſi eſtrange,
que tout ſoudain il la meit aux
hauts cris pour la violente douleur
qu'elle reſſentoit, qui prouenoit
d'vn ſerrement de cœur qui fut tel,
que les Medecins n'eurent iamais
moyen d'empeſcher que peu de
iours aprez que ie fus arriuée au
Liege la mort ne la rauiſt. I'en diray la funeſte hiſtoire en ſon lieu,

pour

pour eſtre remarquable. L'autre
eſt, qu'arriuant à Huy, ville ſituée
ſur le panchant d'vne montagne, il
s'eſmeut vn torrent ſi impetueux,
deſcendant des rauages d'eau de la
montagne en la riuiere , que la
groſſiſſant tout d'vn coup , comme noſtre batteau arriuoit nous
n'euſmes preſque le loiſir de ſauter
à terre , & courir tant que nous
pûſmes pour gaigner le haut de la
montagne, que la riuiere fuſt auſſi
toſt que nous à la plus haute ruë
auprez de mon logis qui eſtoit le
plus haut, où il nous fallut contenter ce ſoir là de ce que le maiſtre de
la maiſon pouuoit auoir , n'ayant
moyen de pouuoir tirer des batteaux ny gens ny mes hardes, ny
moins d'aller par la ville, qui eſtoit
comme ſubmergée dans ce deluge,

O

duquel elle ne fut auec moins de merueille deliurée que faisie ; car au point du iour l'eau estoit toute retirée, & remise en son lieu naturel. Partant de là Monsieur & Madame d'Aurec s'en retournerent à Namur trouuer Dom Iean, & moy ie me remis dans mon batteau pour aller ce iour là coucher au Liege, où l'Euesque, qui en est Seigneur, me receut auec tout l'honneur & la demonstration de bonne volonté qu'vne personne courtoise & bien affectionnée peut tesmoigner. C'estoit vn Seigneur accompagné de beaucoup de vertu, de prudence, & de bonté, & qui parloit bien François, agreable de sa personne, honorable, magnifique, & de compagnie fort agreable, accompagné d'vn Chapitre & plusieurs Chanoines, tous fils de Ducs, Comtes, & de grands Seigneurs d'Allemagne, parce que cet Euefché, qui est vn Eftat fouuerain de grand reuenu, & remply de beaucoup de bonnes villes, s'obtient par eflection, & faut qu'ils demeurent vn an refidéts, & qu'ils foient nobles pour eftre receus Chanoines.   La ville eft plus grande que Lyon , & eft prefque en mefme affiette, la riuiere de Meufe paffant au milieu;tresbien baftie , n'y ayant maifon de Chanoine qui ne paroiffe vn beau palais; les ruës grandes & larges; les places belles, accompagnées de tres-belles fontaines ; les Eglifes ornées de tant de marbre, qui fe tire prez de là, qu'elles en paroiffent toutes ; les horologes faits auec l'induftrie d'Allemagne, chantants

O ij

& repreſentants toutes ſortes de
muſique & de perſonnages. L'E-
ueſque m'ayant receuë ſortant de
mon batteau, me conduiſit en ſon
plus beau palais, tres-magnifique,
accompagnée de tres-belles fontaines, & de pluſieurs iardins &
galeries ; le tout tant peint, tant
doré, & accommodé auec tant de
marbre, qu'il n'y a rien de plus magnifique & de plus delicieux. Les
eaux de Spa n'eſtans qu'à trois ou
quatre lieuës de là, & n'y ayant
qu'auprez vn petit village de trois
ou quatre petites maiſons, Madame la Princeſſe de la Roche-ſur-
Yon fuſt conſeillée par les Medecins de demeurer au Liege, & d'y
faire apporter ſon eau, l'aſſeurans
qu'elle auroit autant de force & de
vertu eſtant apportée la nuit auant

que le soleil fuſt leué. Dequoy ie
fus fort aiſe, pour faire noſtre ſeiour en lieu plus commode & en ſi
bonne compagnie. Car outre celle de ſa Grace (ainſi appelle-t'on
l'Eueſque de Liege, comme on ap-
pelle vn Roy ſa Majeſté , & vn
Prince ſon Alteſſe) le bruit ayant
couru que ie paſſois par là , pluſieurs Seigneurs & Dames d'Allemagne y eſtoient venus pour me
voir , & entre autres Madame la
Comteſſe d'Aremberg (qui eſt celle qui auoit eu l'honneur de conduire la Roine Elizabeth à ſes nopces à Mezieres , lors qu'elle veint
eſpouſer le Roy Charles mon frere, & ſa ſœur aiſnée au Roy d'Eſpagne ſon mary) femme qui eſtoit
tenuë en grande eſtime de l'Impe-
ratrice, de l'Empereur, & de tous les
O iij

Princes Chreftiens ; fa fœur Madame la Lantgraue; Madame d'Aremberg fa fille ; Monfieur d'Aremberg fon fils, tres-honnefte & galant homme, vifue image de fon pere, qui amenant le fecours d'Efpagne au Roy Charles mon frere s'en retourna auec beaucoup d'hóneur & de reputation. Cette arriuée toute pleine d'honneur & de ioye, euft efté encor plus agreable fans le malheur de la mort qui arriua à Madamoifelle de Tournon; de qui l'hiftoire eftant fi remarquable, ie ne puis obmettre à la raconter faifant cette digreffion à mon difcours. Madame de Tournon , qui eftoit lors ma Dame d'honneur, auoit lors plufieurs filles, defquelles l'aifnée auoit efpoufé Monfieur de Balançon Gouuer-

neur pour le Roy d'Espagne au
Comté de Bourgogne, & s'en allant à son mesnage pria sa mere
Madame de Tournon de luy bailler sa sœur Madamoiselle de Tour_
non pour la nourrir auec elle, &
luy tenir compagnie en ce païs où
elle estoit esloignée de tous ses parents. Sa mere la luy accorde; & y
ayant demeuré quelques années en
se faisant agreable & belle, (car sa
principale beauté estoit sa vertu &
sa grace) Monsieur le Marquis de
Varanbon, de qui i'ay parlé cy deuant, lequel estoit destiné à estre
d'Eglise, demeurant auec son frere
Monsieur de Balançon en mesme
maison, deuint par l'ordinaire fre-
quentation qu'il auoit auec Madamoiselle de Tournon fort amoureux d'elle, & n'estant point obli-

O iiij

gé à l'Eglise il defire l'efpoufer. Il
en parle aux parents d'elle & de
luy. Ceux du cofté d'elle le trouuerent bon; mais fon frere Monfieur de Balançon, eftimant plus
vtile qu'il fuft d'Eglife, fait tant
qu'il empefche cela, s'opiniaftrât à
luy faire prendre la robbe longue.
Madame de Tournon, tres-fage &
tres-prudente femme, s'offenfant
de cela ofta fa fille Madamoifelle de
Tournon d'auec fa fœur Mada-
me de Balançon, & la prit auec elle. Et comme elle eftoit femme vn
peu terrible & rude, fans auoir ef-
gard que cette fille eftoit grande &
meritoit vn plus doux traittement,
elle la gourmáde & crie fans ceffe,
ne luy laiffant prefque iamais l'œil
fec, bien qu'elle ne fit nulle action
qui ne fut tres-loüable. Mais c'e-
ftoit la feuerité naturelle de fa me-

re. Elle ne souhaittant que de se
voir hors de cette tyrannie , receut
vne certaine ioye quand elle veit
que i'allois en Flandre , pésant bien
que le Marquis de Varanbon s'y
trouueroit comme il feit, & qu'e-
stant lors en estat de se marier, ayát
du tout quitté la robbe longue, il
la demanderoit à sa mere , & que
par le moyen de ce mariage elle se
trouueroit deliurée des rigueurs de
sa mere. A Namur le Marquis de
Varanbon & le ieune Balançon
son frere s'y trouuerent , comme
i'ay dit. Le ieune de Balançon, qui
n'estoit pas de beaucoup si agreable que l'autre, accoste cette fille, la
recherche , & le Marquis de Varanbon , tant que nous fusmes à
Namur, ne feit pas seulement semblant de la cognoistre. Le despit,

le regret , l'ennuy luy ſerre tellement le cœur, elle s'eſtant contrainte de faire bonne mine tant qu'il
fut preſent ſans monſtrer de s'en
ſoucier, que ſoudain qu'ils furent
hors du batteau où ils nous dirent
à Dieu, elle ſe trouue tellement ſai-
ſie qu'elle ne peut plus reſpirer
qu'en criant & auec des douleurs
mortelles. N'ayant nulle autre cauſe de ſon mal, la ieuneſſe combat
huit ou dix iours la mort, qui armée
de deſpit ſe rend en fin victorieuſe,
la rauiſſant à ſa mere & à moy , qui
n'en feiſmes moins de dueil l'vne
que l'autre. Car ſa mere, bien qu'elle fuſt fort rude, l'aimoit vniquement. Ses funerailles eſtants com-
mandées les plus honorables qu'il
ſe pouuoit faire, pour eſtre de grā-
de maiſon comme elle eſtoit , meſ-

me appartenant à la Roine ma mere, le iour venu de son enterremét,
l'on ordóne quatre Gentils-hommes des miés pour porter le corps;
l'vn desquels estoit la Bressiere (qui
l'auoit pendant sa vie passionné-
ment adorée sans le luy auoir osé
descouurir, pour la vertu qu'il cognoissoit en elle & pour l'inegali-
té) qui lors alloit portant ce mortel faix , & qui mouroit autant de
fois de sa mort, qu'il estoit mort
de son amour. Ce funeste conuoy
estant au milieu de la ruë qui alloit
à la grande Eglise , le Marquis de
Varambon coulpable de ce triste
accident , quelques iours aprez
mon partement de Namur s'estant
repenty de sa cruauté, & son ancienne flame s'estant de nouueau
r'allumée (ô estrange fait !) par

l'abfence , qui par la prefence ne pouuoit eftre efmeuë, fe refout de la venir demander à fa mere, fe confiant peut eftre en la bonne fortune qui l'accompagne d'eftre aimé de toutes celles qu'il recherche, comme il a paru depuis peu en vne grande qu'il a efpoufée contre la volonté de fes parents, & fe promettant que fa faute luy feroit aifément pardonnée de fa maiftreffe, repetant fouuent ces mots Italiens *Che la forza d'amore non rifguarda al delitto* , prie Dom Iean de luy donner vne commiffion vers moy, & venant en diligence arriue iuftement fur le point que ce cops auffi malheureux qu'innocent & glorieux en fa virginité eftoit au milieu de cette ruë. La preffe de cette pompe l'empefche de paffer. Il regarde que c'eſt. Il aduiſe de loing au milieu d'vne grande & triſte trouppe des perſonnes en dueil, & vn drap blanc couuert de chappeaux de fleurs. Il demande que c'eſt. Quelqu'vn de la ville luy reſpond que c'eſtoit vn enterrement. Luy trop curieux s'auance iuſques aux premiers du conuoy, & importunément preſſe de luy dire de qui c'eſt. O mortelle reſponſe! L'Amour ainſi vengeur de l'ingrate inconſtance veut faire eſpreuuet à ſon ame, ce que par ſon deſdaigneux oubly il a fait ſouffrir au corps de ſa maiſtreſſe, les traits de la mort. Cet ignorant qu'il preſſoit luy reſpond que c'eſt le corps de Madamoiſelle de Tournon. A ce mot il ſe paſme & tombe de cheual. Il le faut emporter en vn lo-

gis comme mort; voulant plus iustement en cette extrémité luy rendre l'vnion en la mort que trop
tard en la vie il luy auoit accordée.
Son ame, que ie crois, allant dans le
tombeau requerir pardon à celle
que son desdaigneux oubly y auoit
mise, le laissa quelque temps sans
aucune apparence de vie; & estant
reuenu l'anima de nouueau pour
luy faire esprouuer la mort qui vne
seule fois n'eust assez puny son ingratitude. Ce triste office estant
acheué, me voyant en vne compagnie estrangere ie ne voulois l'en-
nuyer de la tristesse que ie ressentois de la perte d'vne si honneste
fille, & estant conuiée ou par l'E-
uesque (dit sa Grace) ou par ses
Chanoines d'aller en festin en di-
uerses maisons & diuers iardins,

comme il y en a dans la ville & dehors de tres-beaux , i'y allay tous
les iours , accompagnée de l'Euefque , Dames, & Seigneurs eftrangers, comme i'ay dit , lefquels venoiét tous les matins en ma chambre pour m'accompagner au iardin
où i'allois pour prendre mon eau;
car il faut la prendre en fe promenant. Et bien que le Medecin qui
me l'auoit ordonnée eftoit mon
frere, elle ne laiffa toutesfois de me
faire bien , ayant depuis demeuré
fix ou fept ans fans me fentir de l'e-
réfipele de mon bras. Partant de
là nous paffions la iournée enfemble , allans difner à quelque feftin,
où aprez le bal nous allions à Vef-
pres en quelque religion; & l'apref-
foupper fe paffoit de mefmes au
bal , ou deffus l'eau auec la mufi-

que. Six femaines s'efcoulerent de
la façon, qui eft le temps ordinaire
que l'on a accouftumé de prendre
des eaux, & qui eftoit ordonné à
Madame la Princeffe de la Roche-
fur-Yon. Voulant partir pour retourner en France Madame d'Aurec arriua, qui s'en alloit retróuuer
fon mary en Lorraine, qui nous dit
l'eftrange changement qui eftoit
arriué à Namur & en tout ce païs
là depuis mon paffage; Que le iour
mefme que ie partis de Namur,
Dom Iean fortant de fon batteau
& montant à cheual, prenant pretexte de vouloir aller à la chaffe,
paffa deuant la porte du chafteau
de Namur, lequel il ne tenoit encore, & feignant par occafion, s'e-
ftant trouué deuant la porte, de
vouloir entrer pour le voir, s'en
eftoit

estoit saisi, & en auoit tiré le Capitaine que les Estats y tenoient, contre la conuention qu'il auoit auec
les Estats ; & outre ce s'estoit saisi
du Duc d'Arscot, de Monsieur
d'Aurec, & d'elle ; Que toutesfois
aprez plusieurs remonstrances &
prieres il auoit laissé aller son beau
frere & son mary, la retenant elle
iusques alors pour luy seruir d'ostage de leurs deportemens; Que tout
le païs estoit en feu & en armes. Il
y auoit trois partis: celuy des Estats,
qui estoient les Catholiques de
Flandre ; celuy du Prince d'Orange & des Huguenots, qui n'estoiét
qu'vn: & celuy d'Espagne, où commandoit Don Iean. Me voyant
tellement embarquée qu'il falloit
que ie passasse entre les mains des
vns & des autres, & mon frere

P

m'ayant enuoyé vn Gentil-homme nommé Lefcar, par lequel il
m'efcriuoit; Que depuis mon partement de la Cour Dieu luy auoit
fait la grace de fi bien feruir le Roy
en fa charge de l'armée qui luy a-
uoit efté commife, qu'il auoit pris
toutes les villes qu'il luy auoit commandé d'attaquer, & chaffé tous
les Huguenots de toutes les Prouinces pour lefquelles fon armée
eftoit deftinée; Qu'il eftoit reuenu
à la Cour à Poitiers, où le Roy
eftoit pendant le fiege de Broüage,
pour eftre plus prez pour fecourir
Monfieur de Mayenne de ce qui
luy feroit neceffaire; Que comme
la Cour eft vn Prothée qui change
de forme à toute heure, y arriuant
toufiours des nouuelletez, il l'auoit
trouuée toute changée; Que l'on

n'y auoit fait non plus d'eftat de
luy que s'il n'euft rien fait pour le
feruice du Roy ; Que Buffi , à qui
le Roy faifoit bonne chere auant
que partir , & qui auoit feruy le
Roy en cette guerre de fa perfonne & de fes amis , iufques à y auoir
perdu fon frere à l'affaut d'Iffoire,
eftoit auffi desfauorifé & perfecuté
de l'enuie qu'il auoit efté du temps
de du Guaft ; Que l'on leur faifoit
tous les iours à l'vn & à l'autre des
indignitez ; Que les mignons qui
eftoient auprez du Roy auoient
fait prattiquer quatre ou cinq des
plus honneftes hommes qu'il eut,
qui eftoient Maugiron, la Valette,
Mauleon, Liuarrot , & quelques
autres, pour quitter fon feruice &
fe mettre à celuy du Roy ; Que le
Roy fe repentoit fort de m'auoir

permis de faire ce voyage de Flandre, & que l'on tafchoit à mon retour, en haine de luy , de me faire
prendre, ou par les Efpagnols, les
ayant aduertis de ce que ie traittois
en Flandre pour luy, ou par les Huguenots , pour fe venger du mal
qu'ils auoient receu de luy , leur
ayant fait la guerre aprez l'auoir affifté. Tout ce que deffus confide-
ré ne me donnoit peu à penfer,
voyant que non feulement il falloit que ie paffaffe ou entre les vns
ou entre les autres , mais que mefme les principaux de ma compagnie eftoient affectionnez ou aux
Efpagnols ou aux Huguenots,
Monfieur le Cardinal de Lenoncourt ayant autresfois efté foup-
çóné de fauorifer le party des Huguenots , & Monfieur Defcarts,

duquel Monſieur l'Eueſque de Li-
ſieux eſtoit frere , ayant auſſi eſté
quelquesfois ſuſpect d'auoir le
cœur Eſpagnol. En ces doutes
pleins de contrarietez ie ne m'en
pûs communiquer qu'à Madame
la Princeſſe de la Roche-ſur-Yon
& à Madame de Tournon, qui co-
gnoiſſans le danger où nous eſtiós,
& voyants qu'il nous falloit cinq
ou ſix iournées iuſques à la Fere,
paſſant touſiours à la miſericorde
des vns ou des autres , me reſpon-
dent la larme à l'œil que Dieu ſeul
nous pouuoit ſauuer de ce danger;
Què ie me recommandaſſe bien à
luy , & puis que ie feiſſe ce qu'il
m'inſpireroit ; Que pour elles, encore que l'vne fuſt malade & l'autre vieille, ie ne faigniſſe à faire de
longues traittes , & qu'elles s'ac-
P iij

commoderoient à tout pour me
tirer de ce hazard. I'en parlay à
l'Euefque du Liege, qui me feruit
certes de pere , & me bailla fon
grand Maiftre auec fes cheuaux
pour me conduire fi loing que ie
voudrois. Et comme il nous eftoit
neceffaire d'auoir vn paffeport du
Prince d'Orange , i'y enuoyay
Montdoucet, qui luy eftoit confident, & reffentoit vn peu de cette
religion. Il ne reuint point. Ie l'at-
tends deux ou trois iours, & crois
que fi ie l'euffe attendu i'y fuffe encores. Eftant toufiours confeillée
de Monfieur le Cardinal de Lenoncourt & du Cheualier Saluiati
mon premier Efcuyer, qui eftoient
d'vne mefme caballe , de ne partir
point fans auoir paffeport , &
voyant qu'on me dreffoit quelque

autre chofe de bien contraire, ie
me refolus de partir le lendemain
matin. Eux voyants que fur ce pretexte on ne me pouuoit plus arrefter, le Cheualier Saluiati intelligét
auec mon Treforier, qui eftoit auffi
couuertement Huguenot, luy fait
dire qu'il n'auoit point d'argent
pour payer les hoftes, (chofe qui
eftoit entierement fauffe; car eftant
arriuée à la Fere ie voulus voir le
compte , & fe trouua de l'argent
que l'on auoit pris pour faire le voyage de refte encore pour faire aller ma maifon plus de fix femaines) & fait que l'on retint mes cheuaux , me faifant auec le danger cet
affront public. Madame la Princeffe de la Roche-fur-Yon ne pouuant fupporter cette indignité , &
voyant le hazard où l'on me met-

P iiij

toit, prefte l'argent qui eftoit neceffaire ; & eux demeurants confus
ie paffe , aprez auoir fait prefent à
Monfieur l'Euefque d'vn diamant
de trois mille efcus , & à fes feruiteurs de chaifnes d'or ou de bagues,
& vins à Huy , n'ayant pour paffeport que l'efperance que i'auois en
Dieu. Cette ville eftoit , comme
i'ay dit , des terres de l'Euefque du
Liege, mais toutesfois tumultueu-
fe & mutine, (comme tous ces peu-
ples-là fe fentoient de la reuolte
generale des Païs-bas) & ne re-
cognoiffoit plus fon Euefque , à
caufe qu'il venoit entre luy, & elle tenoit le party des Eftats. De
forte que fans recognoiftre le grád
Maiftre de l'Euefque du Liege,
qui eftoit auec nous, ayants l'allarme que Dom Iean s'eftoit faifi du

chafteau de Namur fur mon paffage, foudain que nous fufmes logez ils fonnent le tocfin, & traif-
nent l'artillerie par les ruës, & les
barriques contre mon logis, tendans les chaifnes, à fin que nous ne
nous puiffions ioindre enfemble,
& nous tindrent toute la nuict en
ces alteres fans auoir moyen de parler à aucuns d'eux, eftant tout petit
peuple, gents brutaux & fans raifon. Le matin ils nous laifferent
fortir, ayants bordé toute la ruë de
gens armez. Nous allafmes de là
coucher à Dinan, où par malheur
ils auoient fait ce iour mefme les
Bourgmaiftres, qui font comme
Confuls en Gafcogne & en France. Tout y eftoit ce iour là en def-
bauche ; tout le monde yure; point
de Magiftrats cognus ; bref vn

vray cahos de confufion. Et pour empirer dauantage noftre condition, le grand Maiftre de l'Euefque du Liege leur auoit fait autresfois la guerre, & eftoit tenu d'eux pour mortel ennemy. Cette ville, quand ils font en leur fens raffis, tenoit pour les Eftats ; mais Bacchus y dominant ils ne tenoient pas pour eux-mefmes, & ne recognoiffoient perfonne. Soudain qu'ils nous voyent approcher les faux-bourgs auec vne trouppe grande comme eftoit la mienne, les voila allarmez. Ils quittent les verres pour courir aux armes, & tout en tumulte au lieu de nous ouurir ils ferment la barriere. I'auois enuoyé deuant vn Gentil-homme auec les Fourriers & Marefchal des logis pour les prier de nous donner paffage, mais ie les trouuay tous arreſtez là qui crioient ſans eſtre entendus. En fin ie me leue debout dans la littiere & oſtant mon maſque, ie fais ſigne au plus apparent que ie veux parler à luy; Et eſtant venu à moy, ie le priay de faire faire ſilence, à fin que ie pûſſe eſtre entenduë. Ce qu'eſtant fait auec toute peine, ie leur repreſentay qui i'eſtois, & l'occaſion de mon voyage; Que tant s'en faut que ie leur vouluſſe apporter du mal par ma venuë, que ie ne voudrois pas ſeulement leur en donner le ſoupçon ; Que ie les priois de me laiſſer entrer moy & mes femmes & ſi peu de gés qu'ils voudroient pour cette nuit, & que le reſte ils le laiſſaſſent dans le faux-bourg. Ils ſe contentent de cette propoſition, & me l'accordent.

Ainsi i'entray dans leur ville auec
les plus apparents de ma trouppe,
du nombre desquels fust le grand
Maistre de l'Euesque du Liege;
qui par malheur fust recognu comme i'entrois en mon logis accompagnée de tout ce peuple yure &
armé. Lors ils commencent à luy
crier iniures , & à vouloir charger
ce bon homme, qui estoit vn vieil-
lard venerable de quatre - vingts
ans, ayant la barbe blanche iusques
à la ceinture. Ie le feis entrer dans
mon logis , où ces yurongnes faisoient pleuuoir les harquebusades
contre les murailles qui n'estoient
que de terre. Voyant ce tumulte
ie demanday si l'hoste de la maison
n'estoit point là dedans. Il se trouue de bonne fortune. Ie le prie
qu'il se mette à la fenestre, & qu'il

me fasse parler aux plus apparents;
ce qu'à toute peine il veut faire. En
fin ayant assez crié par les feneſtres
les Bourgmaiſtres viennent parler
à moy, ſi ſaouls qu'ils ne ſçauoient
ce qu'ils diſoient. En fin leur aſſeurant que ie n'auois point ſceu que
ce grand Maiſtre leur fuſt ennemy,
leur remonſtrant de quelle importance il leur eſtoit d'offenſer vne
perſonne de ma qualité, qui eſtoit
amie de tous les principaux Seigneurs des Eſtats, & que ie m'aſ-
ſeurois que Monſieur le Comte de
Lalain & tous les autres chefs trou-
ueroiét fort mauuaiſe la reception
qu'ils m'auoiét faitte; oyans nom-
mer Monſieur de Lalain ils chan-
gerent tous, & luy porterent tous
plus de reſpect qu'à tous les Rois à
qui i'appartenois.   Le plus vieil

d'entr'eux me demande en se sou-
riant & begayant si i'eſtois donc
amie de Monſieur le Comte de
Lalain ; & moy voyant que ſa pa-
renté me ſeruoit plus que celle de
tous les Potentats de la Chreſtien-
té, ie luy reſpondis ; Ouy, ie ſuis
ſon amie & ſa parente auſſi. Lors
ils me font la reuerence & me bail-
lent la main , & m'offrent autant
de courtoiſie comme ils m'auoient
fait d'inſolence , me priants de les
excuſer , & me promettants qu'ils
ne demanderoient rien à ce bon
homme le grand Maiſtre, & qu'ils
le laiſſeroient ſortir auec moy. Le
matin venu comme ie voulois aller à la Meſſe , l'Agent que le Roy
tenoit auprez de Dom Iean , nommé du Bois , lequel eſtoit fort Eſpagnol , arriue , me diſant qu'il

auoit des lettres du Roy pour me
venir trouuer & me conduire feurement à mon retour ; Qu'à cette
fin il auoit prié Dom Iean de luy
bailler Barlemont auec trouppe de
cauallerie, pour me faire efcorte &
me mener feurement à Namur, &
qu'il falloit que ie priaffe ceux de la
ville de laiffer entrer Monfieur de
Barlemont, qui eftoit Seigneur du
païs, & fa trouppe, à fin qu'il me
pûft conduire. Ce qu'ils faifoient
à double fin ; l'vne, pour fe faifir de
la ville ; & l'autre, pour me faire
tomber entre les mains des Efpagnols. Ie me trouuay lors en fort
grand' peine, & le communiquant
à Monfieur le Cardinal de Lenoncourt, qui n'auoit pas enuie de
tomber entre les mains de l'Efpagnol non plus que moy, nous ad-

uisasmes qu'il falloit sçauoir de
ceux de la ville s'il y auoit quelque
chemin par lequel ie peusse euiter
cette trouppe de Monsieur de Barlemont ; & baillant ce petit Agent,
nommé du Bois ; à amuser à Monsieur de Lenoncourt , ie passe en
vne autre chambre, où ie fais venir
ceux de la ville, & leur fais cognoistre que s'ils laissoient entrer la
trouppe de Monsieur de Barlemót
ils estoient perdus , parce qu'ils se
saisiroient de la ville pour Dom
Iean ; Que ie les conseillois de s'ar-
mer , & se tenir prests à leur porte,
monstrants contenance de gens
aduertis, & qui ne se veulent laisser
surprendre ; Qu'ils laissassent entrer seulement Monsieur de Barlemont , & rien dauantage. Ils pri-
rent bien mes raisons & me creu-
rent

rent , m'offrants d'employer leurs
vies pour mon feruice , & me bail-
lants vn guide pour me mener par
vn chemin auquel ie mettrois la riuiere entre les trouppes de Dom
Iean &moy,& les laifferois fi loing
qu'ils ne me pourroient plus atteindre , allant toufiours par mai-
fons ou villes tenants le party des
Eftats. Ayant pris cette refolution
auec eux , ie les enuoye faire entrer
Monfieur de Barlemont tout feul,
lequel eftant entré leur veut perfuader de laiffer entrer fa trouppe.
Mais voyants cela, ils fe mutinent
de forte que peu s'en falluft qu'ils
ne le maffacraffent , luy difant que
s'il ne la faifoit retirer hors de la
veuë de leur ville qu'ils y feroient
tirer l'artillerie. Ce qu'ils faifoient
à fin de me donner temps de paffer

Q

l'eau auant que cette trouppe me
pûſt atteindre. Monſieur de Barlemont eſtant entré, luy & l'Agent
du Bois font ce qu'ils peuuét pour
me perſuader d'aller à Namur où
Dom Iean m'attendoit. Ie monſtre
de vouloir faire ce qu'on me conſeilloit, & aprez auoir ouy la Meſſe
& fait vn diſné court , ie ſors de
mon logis accompagnée de deux
ou trois cens de la ville en armes,
& parlant touſiours à Monſieur
de Barlemont & à l'Agent du Bois,
ie prens mon chemin droit à la porte de la riuiere, qui eſtoit au contraire du chemin de Namur, ſur lequel eſtoit la trouppe de Monſieur
de Barlemont. Eux s'en aduiſans
me dirent que ie n'allois pas bien,
& moy les menant touſiours de
parolles arriuay à la porte de la vil-

le , de laquelle fortant accompagnée d'vne bonne partie de ceux de
la ville , ie double le pas vers la riuiere & monte dans le batteau, y
faifant promptement entrer tous
les miens, Monfieur de Barlemont
& l'Agent du Bois me criants toufiours du bord de l'eau que ie ne faifois pas bien ; que ce n'eftoit point
l'intention du Roy , qui vouloit
que ie paffaffe par Namur. Non-
obftant leurs crieries nous paffons
promptement l'eau , & pendant
que l'on paffoit à deux ou trois
voyages nos littieres & nos cheuaux, ceux de la ville, exprez pour
me donner temps , amufent par
mille crieries & mille plaintes Mófieur de Barlemont & l'Agent du
Bois , les arraifonnans en leur pa-
tois fur le tort que Dom Iean auoit

Q ij

d'auoir fauſſé ſa foy aux Eſtats &
rompu la paix , & ſur les vieilles
querelles de la mort du Comte
d'Aigmont, & le menaçant touſiours que ſi ſa trouppe paroiſſoit
auprez de la ville ils feroient tirer
l'artillerie. Ils me donnerent temps
de m'eſloigner en telle ſorte que ie
n'auois plus à craindre cette trouppe, guidée de Dieu & de l'homme
qu'ils m'auoient baillé. Ie logeay
ce ſoir-là en vn chaſteau fort, nommé Fleurines, qui eſtoit à vn Gentil-homme qui tenoit le party des
Eſtats, & lequel i'auois veu auec le
Comte de Lalain. Le malheur fut
tel que ledit Gentil-homme ne s'y
trouua point , & n'y auoit que ſa
femme. Et comme nous fuſmes
entrez dans la baſſecourt, la trouuant toute ouuerte, elle prit l'allar-

me & s'enfuit dans son dongeon,
leuant le pont, resoluë, quoy que
nous luy pûssions dire, de ne nous
point laisser entrer. Cependant
trois cens Gentils-hommes que
Dom Iean auoit enuoyez pour
nous coupper chemin, & pour se
saisir dudit Chasteau de Fleurines,
sçachants que i'y allois loger, pa-
roissent sur vn petit haut à mille
pas de là, & estimants que nous
fussions entrez dans le dongeon,
ayans pû cognoistre de là que nous
estions tous entrez dans la court,
feirent alte, & se logerent là auprez, esperants de m'attrapper le
lendemain matin. Comme nous
estions en ces alteres, pour ne nous
voir que dedans la court, qui n'e-
stoit fermée que d'vne meschante
muraille, & d'vne meschante por-

te qui euſt eſté bien aiſée à forcer,
diſputants touſiours auec la Dame
du Chaſteau inexorable à nos prieres, Dieu nous feit cette grace que
ſon mary Monſieur de Fleurines y
arriua à nuit fermante ; lequel ſoudain nous feit entrer dans ſon chaſteau, ſe courrouçant fort à ſa femme de l'indiſcrette inciuilité qu'elle auoit monſtrée. Ledit ſieur de
Fleurines nous venoit trouuer de
la part du Comte de Lalain pour
me faire ſeurement paſſer par les
villes des Eſtats, ne pouuant quitter l'armée des Eſtats de laquelle il
eſtoit chef pour me venir accompagner. Cette bonne rencontre
fuſt ſi heureuſe, que le maiſtre de
la maiſon s'offrant de m'accompagner iuſques en France , nous ne
paſſaſmes plus par aucunes villes

où ie ne fuſſe honorablement &
paiſiblement receuë , pource que
c'eſtoit païs des Eſtats ; y receuant
ce ſeul deſplaiſir que ie ne pouuois
repaſſer à Monts comme i'auois
promis à la Comteſſe de Lalain, &
n'en approchois pas plus prez que
de Niuelles , qui eſtoit à ſept grandes lieuës de là ; qui fuſt cauſe , la
guerre eſtant ſi forte comme elle
eſtoit , que nous ne nous pûſmes
voir elle & moy , ny auſſi peu Móſieur le Comte de Lalain, qui eſtoit,
cóme i'ay dit , en l'armée des Eſtats
vers Anuers. Ie luy eſcriuis ſeulement de là par vn homme de ce
Gentil-homme qui me condui-
ſoit. Elle ſoudain me ſçachant là
m'enuoye des Gentils-hommes
plus apparents qui fuſſent demeu-
rez-là pour me conduire iuſques à

la frontiere de France (car i'auois à paſſer tout le Cambreſis, qui eſtoit my-party pour l'Eſpagnol & pour les Eſtats) auec leſquels i'allay loger au Chaſteau Cambreſis; d'où eux s'en retournants, ie luy enuoyay pour ſe ſouuenir de moy vne robbe des miennes que ie luy auois ouy fort eſtimer quand ie la portois à Monts, qui eſtoit de ſatin noir toute couuerte de broderie de canon, qui auoit couſté huiĉt ou neuf cens eſcus. Arriuant au Chaſteau Cambreſis i'eus aduis que quelques trouppes Huguenotes auoient deſſein de m'attaquer entre la frontiere de Flandre & de France. Ce que n'ayant communiqué qu'à peu de perſonnes, vne heure auant le iour ie fus preſte. Enuoyant querir nos littieres &

cheuaux pour partir , le Cheualier Saluiati faifoit le long,comme il auoit fait au Liege.Ce que cognoiffant qu'il faifoit à deffein , ie laiffe ma littiere, & montant à cheual, ceux qui furent les premiers prefts me fuiuirent ; de forte que ie fus au Caftelet à dix heures du matin, ayant par la grace de Dieu efchappé toutes les embufches & aguets de mes ennemis. De là allant chez moy à la Fere, pour y feiourner iufques à tant que ie fçaurois la paix eftre faite, i'y trouuay arriué deuât moy vn courrier de mon frere, qui auoit charge de m'attendre pour foudain que ie ferois arriuée retourner en pofte & l'en aduertir. Il efcriuit par luy que la paix eftoit faite,& que le Roy s'en retournoit à Paris; Que pour luy fa condition

alloit toufiours en empirant , n'y
ayant forte de desfaueurs & d'indignitez que l'on ne feit tous les
iours efprouuer & à luy & aux fiés,
& que ce n'eftoit tous les iours que
quelques querelles nouuelles que
l'on fufcitoit à Buffi & aux honneftes gens qui eftoient auec luy. Ce
qui luy faifoit attendre auec extréme impatience mon retour à la Fere pour m'y venir trouuer. Ie luy
redepefchay foudain fon homme,
par lequel aduerty de mon retour
il enuoya foudain Buffi auec toute
fa maifon à Angers,& prenant feulement quinze ou vingt hommes
des fiens, s'en vint en pofte me
trouuer chez moy à la Fere , qui
fuft vn des grands contentements
que i'aye iamais receu, de voir perfonne chez moy que i'aimois &

honorois tant, où ie me mis en peine de luy donner tous les plaifirs
que ie penfois luy rendre ce feiour
agreable. Ce qui eftoit fi bien receu de luy, qu'il euft volontiers dit
comme fainct Pierre, faifons icy
nos tabernacles, fi le courage tout
royal qu'il auoit & la generofité
de fon ame ne l'euffent appellé à
chofes plus grandes. La tranquilité de noftre Cour au prix de l'autre
d'où il partoit luy rendoit tous les
plaifirs qu'il y receuoit fi doux,
qu'à toute heure il ne pouuoit
s'empefcher de dite ; O ma Reine,
qu'il fait bon auec vous ! Mon
Dieu, cette compagnie eft vn para-
dis comblé de toutes fortes de de-
lices, & celle d'où ie fuis party vn
enfer remply de toutes fortes de
furies & tourments. Nous paffaf-

mes prez de deux mois, qui ne nous furent que deux petits iours, en cet heureux estat, durant lequel luy ayant rendu compte de ce que i'auois fait pour luy en mon voyage de Flandre, & des termes où i'auois mis ses affaires, il trouue fort bon que Monsieur le Comte de Montigny frere du Comte de Lalain vinst resoudre auec luy des moyens qu'il y falloit tenir, & pour prendre aussi asseurance de leur volonté & eux de la sienne. Il y vint accompagné de quatre ou cinq des plus principaux de Hainaut ; l'vn desquels auoit lettre & charge de Monsieur d'Ainsi d'offrir son seruice à mon frere, & l'asseurer de la citadelle de Cambray. Monsieur de Montigny luy portoit parolle de la part de son frere le Comte de

Lalain de luy remettre entre ſes
mains tout le Hainaut & l'Artois,
où il y a pluſieurs bonnes villes.
Ces offres tres-aſſeurées reccuës de
mon frere, il les renuoya auec pre-
ſens de medailles d'or, où la figure
de luy & de moy eſtoit, & aſſeurant
les accroiſſements & bien-faits
qu'ils pouuoient eſperer de luy. De
ſorte que s'en retournants ils preparerent toutes choſes pour la venuë de mon frere; qui ſe deliberant
d'auoir ſes forces preſtes dans peu
de temps pour y aller, s'en retour-
ne à la Cour pour taſcher de tirer
des cómoditez du Roy pour fournir à cette entrepriſe. Moy voulant
faire mon voyage de Gaſcogne, &
ayant preparé toutes choſes pour
cet effet, ie m'en retournay à Paris,
où arriuát mon frere me vint trou-

uer à vne iournée de Paris , où le Roy, & la Roine ma mere , & la Roine Louïse auec toute la Cour me firent cet honneur de venir au deuant de moy iufques à fainct Denis, qui eftoit ma difnée, où ils me receurent auec beaucoup d'honneur & de bonne chere, fe plaifans à me faire racompter les honneurs & magnificences de mon voyage & feiour du Liege,& les auantures de mon retour. En ces agreables entretiens, eftants tous dans le chariot de la Roine ma mere, nous arriuafmes à Paris , où aprez auoir fouppé & le bal eftant finy , le Roy & la Roine ma mere eftans enfemble ie m'approche d'eux,& leur dis que ie les fuppliois ne trouuer mauuais fi ie les requerois auoir agreable que i'allaffe trouuer le Roy

mon mary ; Que la paix eftant faire
c'eftoit chofe qui ne leur pouuoit
eftre fufpecte , & qu'il me feroit
preiudiciable & mal feant fi ie demeurois dauantage à y aller. Ils
monftrent tous deux de le trouuer
trefbon, & de loüer la volonté que
i'en auois. Et la Roine ma mere
me dit qu'elle vouloit m'y accompagner , eftant auffi fon voyage
neceffaire en ce païs-là pour le feruice du Roy ; auquel elle dit auffi
qu'il falloit qu'il me baillaft des
moyens pour mon voyage ; Ce
que le Roy librement m'accorda.
Et moy ne voulant rien laiffer en
arriere qui me pûft faire reuenir à
la Cour, ne m'y pouuant plus plaire lors que mon frere en feroit dehors , que ie voyois fe preparer
pour s'en aller bien toft en fon en-

treprife de Flandre , ie fuppliay la
Roine ma mere de fe fouuenir de
ce qu'elle m'auoit promis à la paix
auec mon frere , qu'aduenant que
ie partiffe pour m'en aller en Gafcogne elle me feroit bailler des terres pour l'affignat de mon dot. Elle
s'en reffouuint,& le Roy le trouue
tres - raifonnable , & me promet
qu'il feroit fait. Ie le fupplie que ce
foit promptement, pource que ie
defirois partir s'il luy plaifoit pour
le commencement du mois pro-
chain. Ce qui fuft ainfi arrefté;
mais à la façon de la Cour. Car au
lieu de me defpefcher , bien que
tous les iours ie les en follicitaffe,
ils me feirent traifner cinq ou fix
mois, & mon frere de mefme, qui
preffoit auffi fon voyage de Flandre, reprefentant au Roy que c'e-
ftoir

ſtoit l'honneur & l'accroiſſement
de la France ; Que ce ſeroit vne inuention pour empeſcher la guerre
ciuile, tous les eſprits remuants &
deſireux de nouueauté ayants le
moyen d'aller en Flandre paſſer
leur fumée, & ſe ſaouler de la guerre ; Que cette entrepriſe ſeruiroit
auſſi comme le Piedmont d'eſcho-
le à la Nobleſſe de France pour s'e-
xercer aux armes, & y faire reuiure
des Montlucs & Briſſacs, des Termes & des Bellegardes, tels que ces
grands Mareſchaux, qui s'eſtants
façonnez aux guerres de Piedmót,
auoient depuis ſi glorieuſement &
heureſement ſeruy le Roy & leur
patrie. Ces remonſtrances eſtoient
belles & veritables; mais elles n'a-
uoient tant de poids qu'elles peuſſent emporter en la balance l'enuie

R

que l'on portoit à l'accroissement
de la fortune de mon frere, auquel
l'on donna tous les iours de nouueaux empeschements pour le re-
tarder d'assembler ses forces, & les
moyens qui luy estoient necessaires pour aller en Flandre ; luy faisant cependant à luy, à Bussi, & à
ses autres seruiteurs mille indignitez , & faisant attaquer plusieurs
querelles à Bussi, tantost par Quelus, tátost par Grammont, de iour,
de nuict , & à toutes heures, esti-
mans qu'à quelques vnes de ces al-
larmes mon frere se precipiteroit.
Ce qui se faisoit sans le sceu du
Roy ; mais Maugiron qui le possedoit lors, & qui ayant quitté le seruice de mon frere, croyoit qu'il
s'en deut ressentir, (ainsi qu'il est
ordinaire que qui offense ne par-

donne iamais) haïſſoit mon frere
d'vne telle haine, qu'il coniuroit
ſa ruine en toutes façons, le brauát
& meſpriſant ſans reſpect, comme
l'imprudence d'vne telle ieuneſſe
enflée de la faueur du Roy le pouſ-
ſoit à faire toutes inſolences, s'eſtant ligué auec Quelus, ſainct Luc,
ſainct Maigrin, Grammont, Mauleon, Liuarrot, & quelques autres
ieunes gens que le Roy fauoriſoit,
qui ſuiuis de toute la Cour, à la façon des Courtiſans qui ne ſuiuent
que la faueur, entreprenoient toutes les choſes qui leur venoient en
fantaiſie, quelles qu'elles fuſſent.
De ſorte qu'il ne ſe paſſoit iour
qu'il n'y eut nouuelle querelle entr'eux & Buſſi, de qui le courage ne
pouuoit ceder à nul. Mon frere
conſiderant que ces choſes n'e-
R ij

ſtoient pas pour aduancer ſon voyage de Flandre , deſirant pluſtoſt
adoucir le Roy que l'aigrir , pour
l'auoir fauorable en ſon entrepriſe,
& eſtimant auſſi que Buſſi eſtant
dehors aduanceroit dauantage de
dreſſer les trouppes neceſſaires
pour ſon armée , il l'enuoye par ſes
terres pour y donner ordre.   Mais
Buſſi eſtant party, la perſecution de
mon frere ne ceſſa pour cela ; &
cognuſt-on alors qu'encor que les
belles qualitez qu'il auoit appor-
taſſét beaucoup de ialouſie à Maugiron & à ces autres ieunes gens
qui eſtoient prez du Roy , la principale cauſe de leur haine contre
Buſſi, eſtoit qu'il eſtoit ſeruiteur de
mon frere.   Car depuis qu'il fut
party ils brauét & morguent mon
frere auec tant de meſpris & ſi ap-

paremment que tout le monde le
cognoiſſoit , encor que mon frere
fuſt fort prudent & tres-patient de
ſon naturel , & qu'il euſt reſolu de
ſouffrir toutes choſes pour faire ſes
affaires en ſon entrepriſe de Flandre, eſperant par ce moyen en ſortir bien toſt, & ne s'y rendre iamais
plus ſuiet. Cette perſecution & ces
indignitez luy furent toutesfois
fort ennuyeuſes & honteuſes;meſ-
mes voyát qu'en haine de luy l'on
taſchoit de nuire en toutes façons
à ſes ſeruiteurs , ayants depuis peu
de iours fait perdre vn grand procez à Monſieur de la Chaſtre,pour
ce que depuis peu il s'eſtoit rendu
ſeruiteur de mon frere, le Roy s'e-
ſtant tellement laiſſé emporter aux
perſuaſions de Maugiron & de
ſainct Luc , qui eſtoient amis de

R iij

Madame de Senetaire , qu'il auoit
luy-mefme efté folliciter ce procez
pour elle contre Monfieur de la
Chaftre qui eftoit lors auprez de
mon frere, qui s'en fentant offen-
fé, comme l'on peut penfer, faifoit
participer mon frere à fa iufte douleur. En ces iours là le mariage de
fainct Luc fe feit, auquel mon frere ne voulant affifter, il me pria auffi d'en faire de mefme ; & la Roine
ma mere qui ne fe plaifoit guere à
la defbordée outrecuidance de ces
ieunes gens , craignant auffi que
tout ce iour feroit en ioye & en def-
bauche, & que mon frere n'ayant
voulu eftre de la partie l'on luy en
dreffaft quelqu'vne qui luy fuft
preiudiciable, feit trouuer bon au
Roy qu'elle allaft le iour des nopces difner à fainct Maur, & nous y

mena mon frere & moy. C'eſtoit
le Lundy gras. Nous reuinſmes le
ſoir, la Roine ma mere ayant tellement preſché mon frere qu'elle le
fit conſentir de paroiſtre & ſe trouuer au bal pour complaire au Roy.
Mais au lieu que cela amendaſt ſes
affaires, elles s'en empirerent. Car
y eſtant Maugiron & autres de ſa
caballe , ils commencerent à le
gauſſer auec des parolles ſi pic-
quantes qu'vn moindre que luy
s'en fuſt offenſé ; luy diſants qu'il
auoit bien perdu ſa peine de s'eſtre
r'habillé ; que l'on ne l'auoit point
trouué à dire l'apreſdiſnée ; qu'il
eſtoit venu à l'heure des tenebres,
parce qu'elles luy eſtoient propres;
& l'attaquants de ſa laideur & petite taille. Tout cela ſe diſoit à la
nouuelle mariée qui eſtoit auprez

R iiij

de luy , & si haut qu'il se pouuoit
entendre. Mon frere cognoissant
que cela se faisoit exprez pour le
faire respondre, & le broüiller par
ce moyen auec le Roy, s'oste de là,
si plein de despit & de cholere qu'il
n'en pouuoit plus; & aprez en a-
uoir conferé auec Monsieur de la
Chastre se resolust de s'é aller pour
quelques iours à la chasse , pensant
par son absence attiedir l'animosité
de ces ieunes gens contre luy , & en
faire plus aisément ses affaires auec
le Roy pour la preparation de l'armée qui luy estoit necessaire pour
aller en Flandre. Il s'en va trouuer
la Roine ma mere au bal, de quoy
elle fust tres-marrie , & luy fait entendre la resolution que là dessus il
auoit prise , qu'elle trouue tres-
bonne , & luy promet de la faire

agréer au Roy , & en fon abfence
de le folliciter de luy fournir promptement ce qu'il luy auoit promis
pour fon entreprife de Flandre; &
Monfieur de Villequier eftant là,
elle luy commande d'aller faire entendre au Roy le defir que mon
frere auoit d'aller pour quelques
iours à la chaffe,ce qui luy fembloit
qu'il ne feroit que bon , pour ap-
paifer toutes les broüilleries qui
eftoiét entre luy & ces ieunes gens,
Maugiron, fainct Luc, Quelus , &
les autres. Mon frere fe retirant en
fa chambre,tenant fon congé pour
obtint, commande à tous fes gens
d'eftre le lendemain prefts pour aller à la chaffe à fainct Germain , où
il vouloit demeurer quelques iours
à courre le cerf,ordonne à fon gràd
Veneur d'y faire trouuer les chiens,

& se couche en cette intention de
se leuer le lendemain matin pour
aller à la chasse soulager ou diuertir vn peu son esprit des broüilleries de la Cour. Monsieur de Villequier cependant estoit allé par le
commandement de la Roine ma
mere demander son congé au Roy,
qui d'abord l'accorda. Mais estant
demeuré seul en son cabinet auec
le conseil de Ieroboam de cinq à
six ieunes hommes, ils luy rendent
ce partement fort suspect, & le
mettét en telle apprehension qu'ils
luy font faire vne des plus grandes
folies qui se soit faitte de nostre
temps, qui fust de prendre mon
frere & tous ses principaux seruiteurs prisonniers. S'il fust impru-
demment deliberé, il fust encor
plus indiscretement executé. Car

le Roy soudain prenant la parolle, de nuit s'en alla trouuer la Roine ma mere tout esmeu comme en vne allarme publique, ou que l'ennemy eust esté à la porte , luy disant ; Comment , Madame , que pensez-vous m'auoir demandé de laisser aller mon frere ? Ne voyez vous pas s'il s'en va le danger où vous mettez mon Estat ? Sans doute sous cette chasse il y a quelque dangereuse entreprise. Ie m'en vais me saisir de luy & de tous ses gens, & feray chercher dans ses coffres. Ie m'asseure que nous descouurirons de grandes choses. Et à mesme temps , ayant auec luy le sieur de Cossé Capitaine des gardes & quelques archers Escossois........ La Roine ma mere craignát qu'en cette precipitation il feit quelque tort à la vie de mon frere , le prie qu'elle aille auec luy, & toute deshabillée comme elle estoit , s'accommodant comme elle pûst auec son manteau de nuit, le suit montant à la chambre de mon frere, où le Roy frappe rudement , criant que l'on luy ouurist , que c'estoit luy. Mon frere se resueille en sursaut, & sçachant bien qu'il n'auoit rien fait qui luy deust dóner crainte, dit à Cangé son valet de chambre qu'il luy ouurist la porte. Le Roy entrant en cette furie, commença à le gourmander, & luy dire qu'il ne cesseroit iamais d'entreprendre contre son Estat , & qu'il luy apprendroit que c'est de s'attaquer à son Roy. Sur cela il commanda à ses archers d'emporter ses coffres hors de là, & de tirer ses valets de chambre hors de la chambre. Il foüille luy-mefme le lit de mon frere pour voir s'il y trouueroit quelques papiers. Mon frere ayát vne lettre de Madame de Sauue qu'il auoit receuë ce foir là la prend à la main pour empefcher qu'on ne la veid. Le Roy s'efforce de la luy ofter. Luy y refiftant, & le priant à mains iointes de ne la voir point, cela en dóne plus d'enuie au Roy, croyant que ce papier feroit affez fuffifant pour faire le procez à mon frere. En fin l'ayant ouuerte en la prefence de la Roine ma mere, ils refterent auffi confus que Caton, quand ayant contraint Cefar dans le Senat de monftrer le papier qui luy auoit efté apporté, difant que c'eftoit chofe qui importoit au bien de la Republique, il

luy feit voir que c'eſtoit vne lettre
d'amour de la ſœur du meſme Caton adreſſante à Ceſar. La honte
de cette tromperie augmentant
pluſtoſt par le dépit la cholere du
Roy que la diminuant , ſans vouloir eſcouter mon frere, lequel demandoit ſans ceſſe de quoy on l'ac-
cuſoit , & pourquoy l'on le traittoit ainſi , il le commet à la garde
de Móſieur de Coſſé & des Eſcoſſois , leur commandant de ne le
laiſſer parler à perſonne. Cela ſe feit
vne heure aprez minuit. Mon frere demeura en cette façon , eſtant
plus en peine de moy que de luy,
croyant bien que l'on m'en auoit
fait autant, & ne croyant pas qu'vn
ſi violent & ſi iniuſte commencement pûſt auoir autre qu'vne ſini-
ſtre fin.   Et voyant que Monſieur

de Coffé auoit la larme à l'œil de
regret de voir paffer les chofes en
cette forte, & que toutesfois à caufe des archers qui eftoient là il ne
luy ofoit parler librement, il luy demande feulement ce qui eftoit de
moy. Monfieur de Coffé refpond
que l'on ne m'auoit encor rien demandé. Mon frere luy refpond;
Cela foulage beaucoup ma peine
de fçauoir ma fœur libre. Mais encor qu'elle foit en cet eftat, ie m'af-
feure qu'elle m'aime tant qu'elle
aimera mieux fe captiuer auec moy
que de viure libre fans moy. Et le
pria d'aller fupplier la Roine ma
mere qu'elle obtint du Roy que ie
demeuraffe en fa captiuité auec luy;
ce qui luy fuft accordé. Cette ferme croyance qu'il euft de la grandeur & fermeté de mon amitié me

fuſt vne obligation ſi particuliere,
bien que par ſes bons offices il en
euſt acquis pluſieurs grandes ſur
moy, que i'ay touſiours miſe celle
là au premier rang. Soudain qu'il
euſt cette permiſſion, qui fut ſur le
point du iour, il pria Monſieur de
Coſſé de m'enuoyer vn archer Eſcoſſois, qui eſtoit là, pour m'an-
noncer cette triſte nouuelle, & me
faire venir en ſa chambre. Cet archer entrant en la mienne trouue
que ie dormois encore ſans auoir
rien ſceu de tout ce qui s'eſtoit paſſé. Il ouure mon rideau, & en langage propre aux Eſcoſſois me dit;
Bon iour, Madame, Monſieur voſtre frere vous prie de le venir voir.
Ie regarde cet hóme preſque toute
endormie, penſant reſuer, & le re-
cognoiſſant ie luy demande s'il
n'eſtoit

n'estoit pas vn Escossois de la garde. Il me dit qu'ouy ; & ie luy re-
pliquay ; Et qu'est-ce donc ? Mon
frere n'a-t'il point d'autre messager
que vous pour m'enuoyer ? Il me
dit que non, que ses gens luy a-
uoient esté ostez , & me conta en
son langage ce qui luy estoit aduc-
nu la nuit, & que mon frere auoit
obtenu permission pour moy de
demeurer auec luy pendant sa captiuité. Et voyant que ie m'affligeois
fort, il s'approcha de moy & me
dit tout bas ; Ne vous faschez point.
I'ay moyen de sauuer Monsieur
vostre frere, & le feray, n'en doutez
point ; mais il faudra que ie m'en
aille auec luy. Ie l'asseuray de toute la recompense qu'il pouuoit esperer de nous , & me hastant de
m'abiller ie m'en allay auec luy

S

toute seule à la chambre de mon
frere. Il me falloit trauerser toute
la court toute pleine de gens qui
auoiét accoustumé de courir pour
me voir & honorer. Lors chacun
voyát comme la fortune me tour-
noit visage, eux aussi ne firent pas
semblant de m'apperceuoir. Entrant en la chambre de mon frere
ie le trouue auec vne si grande con-
stance, qu'il n'auoit rien changé
de sa façon ny de sa tranquillité ordinaire. Me voyant, il me dit en
m'embrassant auec vn visage plus
ioyeux que triste; Ma Roine, cessez
ie vous prie vos larmes. En la condition que ie suis, vostre ennuy est
la seule chose qui me pourroit affli-
ger; car mon innocence & la droi-
te intention que i'ay euë m'empes-
chent de craindre toutes les accusa-

tions de mes ennemis. Que si in-
iustement l'on veut faire tort à ma
vie, ceux qui feront cette cruauté
se feront plus de tort qu'à moy, qui
ay assez de courage & de resolution
pour mespriser vne iniuste mort.
Aussi n'est-ce ce que ie redoute le
plus, ma vie ayant esté iusques icy
accompagnée de tant de trauerses
& de peines, que ne sçachant que
c'est des felicitez de ce monde ie ne
dois auoir regret de les abandon-
ner. La seule apprehension que i'ay
est, que ne me pouuant faire iustement mourir, l'on me vueille faire
languir en la solitude d'vne longue
prison ; où encor ie mespriseray
leur tyrannie pourueu que vous
me vouliez tant obliger que de
m'assister de vostre presence. Ces
parolles au lieu d'arrester mes lar-

mes me penserent faire verser toute l'humeur de ma vie. Ie luy res-
ponds en sanglottant que ma vie
& ma fortune estoient attachées à
la sienne ; Qu'il n'estoit en la puissance que de Dieu seul d'empescher que ie l'assistasse en quelque
condition qu'il púst estre ; Que si
on l'emmenoit de là, & que l'on ne
me permit d'estre auec luy , ie me
tuerois en sa presence. Passans en
ces discours & recherchans ensemble l'occasion qui auoit conuié le
Roy de prendre vne si cruelle & iniuste aigreur contre luy, & ne nous
la pouuants imaginer, l'heure vint
de l'ouuerture de la porte du chasteau, où vn ieune homme indis-
cret, qui estoit à Bussi, estant recognu par les gardes & arresté, ils luy
demanderent où il alloit.   Luy

eftonné & furpris leur refpond
qu'il alloit trouuer fon maiftre.
Cette parolle rapportée au Roy,
l'on foupçonne qu'il eft dans le
Louure, où l'aprefdifnée reuenant
de fainct Germain mon frere l'a-
uoit fait entrer parmy la trouppe,
pour conferer auec luy des affaires
de l'armée qu'il faifoit pour Flandre, ne penfant pas lors deuoir partir fi toft de la Cour comme depuis
inopinément il fe refolut. Le foir,
fur les occafions que i'ay dites, l'Archant Capitaine des gardes ayant
commandemét du Roy de le chercher, & de fe faifir de luy & de Simier, faifant cette perquifition à
regret, pour eftre intime amy à
Buffi, duquel il eftoit appellé par
alliáce fon pere & luy le nommoit
fon fils, il monte à la chambre de

Simier, où il se saisit de luy; & se
doutant bien que Bussi y estoit caché il fait vne legere recherche,
estant bien aise de ne le trouuer
pas. Mais Bussi, qui estoit sur le lit,
& qui voyoit qu'il demeuroit seul
en cette chambre, craignant que
la commission fust donnée à quelque autre auec lequel il ne seroit en
telle seureté, desirant pluftost d'e-
stre en la garde de l'Archant qui
estoit honeste homme & son amy,
comme il estoit d'vne humeur
gaillarde & bouffonne, à qui les
dangers & hazards n'auoient iamais peu faire ressentir la peur,
comme l'Archant passoit la porte
pour s'en aller emmenant Simier,
il sort la teste du rideau & luy dit;
Hé quoy, mon pere, vous en vou-
lez-vous ainsi aller sans moy? N'e-

ſtimez-vous pas ma conduitte plus
honorable que celle de ce pendart
de Simier? L'Archant ſe tourna, &
luy dit ; Ah, mon fils, pleuſt à Dieu
qu'il m'euſt couſté vn bras & que
vous ne fuſſiez pas icy. Il luy reſpond ; Mon pere, c'eſt ſigne que
mes affaires ſe portent bien ; allant
touſiours ſe gauſſant de Simier
pour la tremblante peur où il le
voyoit. L'Archant les meit en vne
chambre auec gardes , & s'en alla
prendre Monſieur de la Chaſtre &
le mena à la Baſtille. Pendant que
toutes ces choſes ſe faiſoient Monſieur de Loſte, bon homme vieil,
qui auoit eſté gouuerneur du Roy
mon mary, & qui m'aimoit comme ſa fille, ayant la garde de mon
frere , cognoiſſant l'iniuſtice que
l'on luy faiſoit, & deteſtant le mau-
S iiij

uais conseil par lequel le Roy se
gouuernoit, ayant enuie de nous
obliger tous deux se resout de sauuer mon frere; & pour me descouurir son intention, commande aux
archers Escossois de se tenir sur le
degré au dehors de la porte de mon
frere, n'en retenant que deux auec
soy de qui il se fioit, & me tirant à
part me dit ; Il n'y a bon François à
qui le cœur ne saigne de voir ce
que nous voyons.   I'ay esté trop
seruiteur du Roy vostre pere pour
ne sacrifier ma vie pour ses enfans.
Ie crois que i'auray la garde de
Monsieur vostre frere en quel lieu
que l'on le tienne.   Asseurez - le
qu'au hazard de ma vie ie le sauue-
ray. Mais à fin que l'on ne s'apper-
çoiue de mon intention, ne par-
lons plus ensemble ; mais soyez-en

certaine. Cette esperance me con-
soloit vn peu, & reprenant mon
esprit ie dis à mon frere que nous
ne deuions point demeurer en cette forme d'inquisition sans sçauoir
ce que nous auions fait ; Que c'e-
stoit à faire à des faquins d'estre tenus ainsi. Ie priay Monsieur de
Loste, puis que le Roy ne vouloit
permettre que la Roine ma mere
montast, qu'il luy plûst nous faire
sçauoir par quelqu'vn des siens la
cause de nostre retention. Monsieur de Combaut, qui estoit chef
du Conseil des ieunes gens, nous
fut enuoyé, qui auec sa grauité naturelle nous dit qu'il estoit enuoyé
là pour sçauoir ce que nous vou-
lions faire entendre au Roy. Nous
luy dismes que nous desirions de
parler à quelqu'vn du Roy pour

sçauoir l'occasion de noſtre retention, & que nous ne la pouuions
imaginer Il nous reſpond gra-
uement, qu'il ne faut demander
aux Dieux & aux Rois raiſon de
leurs effets ; Qu'ils faiſoient tout à
bonne & iuſte cauſe. Nous luy reſ-
pondiſmes que nous n'eſtions pas
perſonnes pour eſtre tenuës comme ceux que l'on met à l'inquiſi-
tió à qui l'on fait deuiner ce qu'ils
ont fait. Nous n'en pûſmes tirer
autre choſe, ſinon qu'il s'employe-
roit pour nous, & qu'il nous y feroit tous les meilleurs offices qu'il
pourroit. Mon frere ſe prit à rire;
mais moy qui eſtois toute conuer-
tie en douleurs, pour voir en danger mon frere que ie cheriſſois plus
que moy-meſme, i'eus beaucoup
de peine à m'empeſcher de luy par-

ler comme il meritoit. Pendant qu'il faisoit son rapport au Roy, la Roine ma mere estant en sa chambre auec l'affliction que l'on peut penser (qui comme personne tres-prudente preuoyoit bien que cet excez fait sans suiet ny raison pourroit, si mon frere n'auoit le naturel bon , apporter beaucoup de malheur en ce Royaume) enuoya querir tous les vieux du Conseil, Monsieur le Chancelier les Princes, Seigneurs, & Mareschaux de France, qui estoient tous merueilleusemét scandalisez du mauuais conseil que l'on auoit donné au Roy , disants tous à la Roine ma mere qu'elle s'y deuoit opposer, & remonstrer au Roy le tort qu'il se faisoit ; Qu'on ne pouuoit empescher que ce qui auoit esté fait iusques alors ne fut;

mais qu'il falloit r'abiller cela le
mieux que l'on pourroit. La Roine ma mere va soudain trouuer le
Roy auec tous ses ministres, qui
luy remonstrent de quelle importance estoient ces effets. Le Roy
ayant les yeux desillez du pernicieux conseil de ces ieunes gents,
trouue bõ que ces vieux Seigneurs
& Conseillers le luy representent,
& prie la Roine ma mere de rabiller cela, & faire que mon frere ou-
bliast tout ce qui s'estoit passé, &
qu'il n'en sceust point mauuais gré
à ces ieunes gens, & que par mesme moyen l'accord de Bussi & de
Quelus fust fait. Cela resolu, toutes les gardes furent soudain ostées
à mon frere, & la Roine ma mere le
trouuant en sa chambre, luy dit
qu'il deuoit loüer Dieu de la grace

qu'il luy auoit faite de le deliurer
d'vn fi grãd danger ; Qu'elle auoit
veu l'heure qu'elle ne fçauoit qu'ef-
perer de fa vie ; Que puis qu'il cognoiffoit par cela que le Roy eftoit
de telle humeur , qu'il s'offençoit
non feulement des effets , mais des
imaginations , & qu'eftant refolu
en fes opinions, fans s'arrefter à aucun aduis ny d'elle ny d'autre , il
executoit tout ce qui luy venoit en
fantaifie , pour ne le ietter plus en
ces aigreurs cela le deuoit faire re-
foudre à s'accommoder en tout à
fa volonté , & de venir trouuer le
Roy monftrãt ne fe reffentir point
de ce qui s'eftoit paffé contre fa perfonne , & ne s'en fouuenir point.
Nous luy refpondifmes que nous
auions grandement à loüer Dieu
de la grace qu'il nous auoit faitte

de nous garantir de l'iniuſtice que l'on nous preparoit, à quoy, aprez Dieu, nous recognoiſſions luy en auoir à elle toute l'obligation, mais que la qualité de mon frere ne permettoit pas que l'on le pûſt mettre en priſon ſans ſuiet, & l'en tirer ſans formalité de iuſtification & ſatisfaction. La Roine reſpond ; Que les choſes faites, Dieu meſme ne pouuoit faire qu'elles ne fuſſent; mais que l'on rabilleroit le deſordre qui auoit eſté à ſa priſe en faiſant ſa deliurance auec tout l'honneur & ſatisfaction qu'il pourroit deſirer; Qu'auſſi il falloit qu'il contentaſt le Roy en tout, luy parlant auec tel reſpect & auec telle affection à ſon ſeruice qu'il en demeuraſt content ; & qu'il feit outre cela que Buſſi & Quelus s'accordaſ-

sent de sorte qu'il ne restast rien
qui les pûst broüiller. Aduoüant
bien que le principal motif qui a-
uoit produit ce mauuais conseil &
ces mauuais effets , auoit esté la
crainte que l'on auoit euë du combat que le vieil Bussi , digne pere
d'vn si digne fils, auoit demandé,
suppliant le Roy trouuer bon qu'il
secondast son fils le braue Bussi , &
que Monsieur de Quelus fust se-
condé du sien ; qu'eux quatre fini-
roient cette querelle , sans broüiller
la Cour comme elle auoit esté pour
cette querelle , ny mettre tant de
gens en peine. Mon frere luy promit que Bussi , voyant qu'il n'y a-
uoit point d'esperance de se battre,
feroit pour sortir de prison ce que
elle commanderoit. La Roine ma
mere descendant feit trouuer bon

au Roy de faire sa deliurance auec
honneur. Et pour cet effet il vint
en la chambre de la Roine ma mere, auec tous les Princes, Seigneurs,
& autres Conseillers de son Conseil , & nous enuoya querir par
Monsieur de Villequier; où comme nous allions trouuer sa Majesté, passans par les sales & chambres, nous les trouuasmes toutes
pleines de gens qui nous regar-
doient la larme à l'œil, loüans Dieu
de nous voir hors de danger. Entrans dans la chambre de la Roine
ma mere nous trouuasmes le Roy
auec cette compagnie que i'ay ditte, qui voyant mon frere luy dit;
Qu'il le prioit de ne point trouuer
estrange & ne s'offenser point de
ce qu'il auoit fait, poussé du zele
qu'il auoit au repos de son Estat, &

qu'il

qu'il creut que ce n'auoit point esté auec intention de luy faire nul desplaisir. Mon frere luy respond; Qu'il deuoit & auoit voüé tant de seruice à sa Majesté qu'il trouueroit tousiours bon tout ce qu'il luy plairoit; mais qu'il le supplioit treshumblement considerer que la deuotion & fidelité qu'il luy auoit tesmoignée ne meritoit pas vn tel traittement. Toutesfois qu'il n'en accusoit que son malheur, & restoit assez satisfait si le Roy recognoissoit son innocence. Le Roy luy respondit; Qu'ouy, qu'il n'en estoit point en doute, & qu'il le prioit de faire autant d'estat de son amitié qu'il auoit iamais fait. Sur cela la Roine ma mere les print tous deux & les feit embrasser. Soudain le Roy commanda que l'on fit venir

T

Buffi pour l'accorder auec Quelus,
& que l'on meit en liberté Simier
& Monfieur de la Chaftre. Buffi
entrant en la chambre auec cette
belle façon qui luy eftoit naturelle,
le Roy luy dit qu'il vouloit qu'il
s'accordaft auec Quelus, & qu'il ne
fe parlaft plus de leur querelle ; &
luy commanda d'embraffer Quelus. Buffi luy refpond ; Sire, s'il
vous plaift que ie le baife, i'y fuis
tout difpofé ; & accommodant les
geftes auec la parolle luy fit vne
embraffade à la Patalone ; de quoy
toute la compagnie , bien qu'encor eftonnée & faifie de ce qui s'e-
ftoit paffé , ne fe pûft empefcher de
rire. Les plus aduifez iugerent que
cette legere fatisfaction que receuoit mon frere n'eftoit appareil
fuffifant à vn fi grand mal. Cela

fait le Roy & la Roine ma mere
s'approchants de moy, me dirent
qu'il falloit que ie tinsse la main à
ce que mon frere ne cóseruast nulle souuenance qui le pûst esloigner
de l'obeïssance & affection qu'il
deuoit au Roy. Ie leur respondis;
Que mon frere estoit si prudent,&
auoit tant de deuotion à son seruice,qu'il n'auoit besoin d'y estre sollicité ny par moy ny par autre. Mais
qu'il n'auoit receu & ne receuroit
iamais autre conseil de moy que ce
qui seroit conforme à leur volonté
& son deuoir. Estant lors trois
heures aprez midy que personne
n'auoit encor disné, la Roine ma
mere voulut que nous disnassions
tous ensemble ; puis commanda à
mon frere & à moy d'aller changer nos habits , qui estoient con-

T ij

uenables à la triste condition d'où
nous estions presentement sortis,
& nous aller parer pour nous trouuer au soupper du Roy & au bal.
Elle fut obeie pour les choses qui
se pouuoient, deuestir & remettre,
mais pour le visage, qui est la viue
image de l'ame, la passion du iuste
mescontentement que nous auiós
s'y lisoit aussi apparente qu'elle y
auoit esté imprimée auec la force &
violence du despit & iuste desdain
que nous ressentions par l'effet de
tous les actes de cette tragicome-
die.   Laquelle estant finie de cette
façon, le Cheualier de Seurre, que
la Roine ma mere auoit baillé à
mon frere pour coucher en sa chá-
bre, & qu'elle prenoit plaisir d'ouïr
quelquesfois causer , pour estre
d'humeur libre , & qui disoit de

bonne grace ce qu'il vouloit, tenát
vn peu de l'humeur d'vn Philoſo-
phe Cynique, ſe trouuant deuant
elle, elle luy demande ; Et bien,
Monſieur de Seurre, que dittes
vous de tout cecy? C'eſt trop, dit-il,
pour faire à bon eſcient, & trop
peu pour ſe ioüer. Et ſe tournant
vers moy, ſans qu'elle le pûſt entendre, me dit ; Ie ne crois pas que
ce ſoit icy le dernier acte de ce ieu.
Cet homme (voulát parler de mon
frere) me tromperoit bien s'il en
demeuroit là. Cette iournée eſtant
paſſée de cette façon, le mal ayant
ſeulemét eſté adoucy par le dehors
& non par le dedans, les ieunes
gens qui poſſedoient le Roy iu-
geants le naturel de mon frere par
le leur, & leur iugement peu expe-
rimenté ne permettant pas qu'ils

peuſſent iuger ce que peut le deuoir & l'amour de la patrie ſur
vn Prince ſi grand & ſi bien né
qu'il eſtoit , perſuadent au Roy,
pour touſiours ioindre leur cauſe à
la ſienne, que mon frere n'oublie-
roit iamais l'affront public qu'il a-
uoit receu , & s'en voudroit venger. Le Roy ſans ſe ſouuenir de
l'erreur que luy auoient fait commettre ces ieunes gens , reçoit ſoudain cette ſeconde impreſſion , &
commande aux Capitaines des gardes que l'on priſt ſoigneuſement
garde aux portes que mon frere ne
ſortiſt point , & que tous les ſoirs
l'on feit ſortir tous les gés de mon
frere hors du Louure , luy laiſſant
ſeulemẽt ce qui couchoit d'ordinaire dans ſa chambre , ou dans ſa
garderobbe. Mon frere ſe voyant

de cette façon eſtre à la miſericorde de ces ieunes ceruelles, qui ſans
reſpect ny iugement faiſoient diſ-
poſer de luy au Roy comme il leur
venoit en fantaiſie, craignant qu'il
ne luy aduint pis, & ayant l'exem-
ple tout recent de ce qui ſans occaſion ny raiſon luy auoit eſté fait,
ayant ſupporté trois iours l'appre-
henſion de ce danger, ſe reſolut de
s'oſter de là, pour ſe retirer chez
luy, & ne reuenir plus à la Cour,
mais auancer ſes affaires le plus
promptement qu'il pourroit pour
s'en aller en Flandre. Il me com-
munique cette volonté, & voyant
que c'eſtoit ſa ſeureté, & que le
Roy ny cet Eſtat n'en pouuoient
receuoir du preiudice, ie l'approu-
uay, & en cherchant les moyens,
voyant qu'il ne pouuoit ſortir par

T iiij

les portes du Louure, qui estoient
si curieusement gardées, que mesme l'on regardoit tous ceux qui
passoient au visage, il ne s'en trouue point d'autre que de sortir par
la fenestre de ma chambre, qui regardoit dans le fossé , & estoit au
second estage. Il me prie pour cet
effet faire prouision d'vn cable
fort, & de la longueur necessaire.
A quoy ie pouruois soudain, faisant emporter le iour mesme par
vn garçon qui m'estoit fidelle vne
malle de lit qui estoit rópuë comme pour la faire raccoustrer ; & à
quelques heures de là la rappor-
tát il y meit le cable qui nous estoit
necessaire. L'heure du soupper
estant venuë , qui estoit vn iour
maigre que le Roy ne souppoit
point , la Roine ma mere souppa

seule en sa petite sale & moy auec
elle. Mon frere, bien qu'il fust af-
sez patient & discret en toutes ses
actions, sollicité de la souuenance
de l'affront qu'il auoit receu, & du
danger qui le menaçoit, impatien-
tant de sortir, s'y trouue comme ie
me leue de table, & me dit à l'oreille qu'il me prioit de me haster , &
de venir tost à ma chambre où il se
trouueroit. Monsieur de Matignon, qui n'estoit encores Mareschal , vn dangereux & fin Nor-
mand qui n'aimoit point mon frere,en estant aduerty par quelqu'vn
qui peut estre n'auoit pas bien tenu
sa langue , ou le coniecturant sur
la façon de quoy m'auoit parlé
mon frere, dit à la Roine ma mere
comme elle entroit en sa chambre,
(ce que i'entrouïs presque , estant

affez prez d'elle, & y prenant garde,& obferuant curieufement tout
ce qui fe paffoit ; comme font ceux
qui fe trouuent en pareil eftat , &
fur le point de leur deliurance font
agitez de crainte & d'efperance)
que fans doute mon frere s'en vouloit aller ; que demain il ne feroit
plus là ; qu'il le fçauoit tres-bien;
& qu'elle y meit ordre. Ie veis que
elle fe troubla à cette nouuelle ; ce
qui me donna encor plus d'appre-
henfion que nous ne fuffions def-
couuerts. Nous entrans en fon cabinet, elle me tira à part & me dit;
Auez-vous veu ce que Matignon
m'a dit ? Ie luy dis ; Ie ne l'ay pas
entendu , Madame, mais i'ay veu
que c'eftoit chofe qui vous donnoit peine. Ouy, ce dit-elle, bien
fort ; car vous fçauez que i'ay ref-

pondu au Roy que voſtre frere ne
s'en iroit point, & Matignon vient
de me dire qu'il ſçauoit tres-bien
qu'il ne ſera demain icy. Lors me
trouuant entre ces deux extremi-
tez, ou de manquer à la fidelité que
ie deuois à mon frere, & mettre ſa
vie en danger, ou de iurer contre
la verité (choſe que ie n'euſſe voulu pour euiter mille morts) ie me
trouuay en ſi grande perplexité,
que ſi Dieu ne m'euſt aſſiſtée, ma
façon euſt aſſez teſmoigné ſans
parler ce que ie craignois qui fuſt
deſcouuert. Mais comme Dieu aſ-
ſiſte les bonnes intentions, & ſa diuine bonté operoit en cette œuure
pour ſauuer mon frere, ie compo-
ſay tellement mon viſage & mes
parolles qu'elle ne pûſt rien cognoiſtre que ce que ie voulois, &

que ie n'offensay mon ame ny ma
conscience par aucun faux sermét.
Ie luy dis donc si elle ne cognoissoit pas bien la haine que Mósieur
de Matignon portoit à mon frere;
Que c'estoit vn broüillon mali-
cieux qui auoit regret de nous voir
tous d'accord ; Que lors que mon
frere s'en iroit i'en voulois respondre de ma vie ; Que ie m'asseurois
bien que ne m'ayant iamais rien celé il m'eust communiqué ce dessein
s'il eust eu cette volonté. Ce que
ie disois m'asseurant bien que mon
frere estant sauué l'on n'eust osé me
faire desplaisir, & au pis aller, quád
nous eussions esté descouuerts, i'aimois trop mieux engager ma vie
que d'offenser mon ame par vn
faux serment , & mettre la vie de
mon frere en hazard. Elle ne re-

cherchant pas de prez le fens de
mes parolles me dit ; Penfez bien à
ce que vous dites ; vous m'en ferez
caution ; vous m'en refpondrez fur
voftre vie.   Ie luy dis en foufriant,
que c'eftoit ce que ie voulois;& luy
donnant le bon foir ie m'en allay
en ma chambre, où me deshabil-
lant en diligence , & me mettant
au lit pour me deffaire de mes Dames & filles, eftant reftée feule auec
mes femmes de chambre, mon frere vint auec Simier & Cangé,& me
releuant nous accordafmes la corde auec vn bafton, & ayants regardé dans le foffé s'il y auoit perfonne, eftant feulement aidée de trois
de mes femmes qui couchoient en
ma chambre , & du garçon de la
chambre qui m'auoit apporté la
corde, nous defcendons premiere-

ment mon frere, qui rioit & gauf-
foit fans auoir aucune apprehen-
fion, bien qu'il y euft vne trefgran-
de hauteur, puis Simier, qui trem-
blant ne fe pouuoit prefque tenir
de peur, puis Cangé fon valet de
chambre. Dieu conduifit fi heu-
reufement mon frere fans eftre def-
couuert, qu'il fe rendit à faincte
Geneuiefue où Buffi l'attendoit,
qui du confentement de l'Abbé a-
uoit fait vn trou à la muraille de la
ville par lequel il fortit, & trouuant
là des cheuaux tout prefts, fe retira
à Angers fans aucune infortune.
Comme nous defcendions Cangé
le dernier, il fe leue vn homme du
fonds du foffé qui comméce à courir vers le logis qui eft auprez du
ieu de paume, qui eft le chemin où
l'on va vers le corps de garde. Moy

qui en tout ce hazard n'auois iamais apprehendé ce qui eftoit de
mon particulier, mais feulement
la feureté ou le danger de mon frere, demeuray demy - pafmée de
peur, croyát que ce fuft quelqu'vn
qui fuiuant l'aduis de Monfieur de
Matignon euft efté mis là pour
nous guetter; & eftimant que mon
frere fut pris, i'entray en vn defefpoir qui ne fe peut reprefenter que
par l'effay de chofes femblables.
Eftant en ces alteres, mes femmes
plus curieufes que moy de ma feureté & de la leur, prennent la corde
& la mettent au feu, à fin qu'elle ne
fut trouuée, fi le malheur eftoit fi
grand que cet homme qui s'eftoit
leué du foffé y euft efté mis pour
guetter. Cette corde eftát fort longue fait vne fi grande flamme que

le feu se met dans la cheminée; de
façon que sortant par dessus le couuert, & estant apperceu des archers
qui estoient cette nuit-là en garde,
ils viennent frapper effroyablemẽt
à ma porte, disants que l'on ouurist
promptement. Lors, bien que ie
pensasse à ce coup-là que mon frere fust pris , & que nous fussions
tous deux perdus, ayant tousiours
neantmoins esperé en Dieu qui me
conseruoit le iugement entier (grace qu'il a pleu à sa diuine Majesté
me faire en tous les dangers que ie
me suis trouuée) voyãt que la corde n'estoit pas que demy-bruslée,
ie dis à mes femmes qu'elles allas-
sent tout bellement à la porte demander ce qu'ils vouloient, parlant bas comme si i'eusse dormy.
Ce qu'elles font; & les archers leur
dirent

dirent que c'estoit le feu qui estoit
à ma cheminée , & qu'ils venoient
pour l'esteindre. Mes femmes leur
dirent que ce n'estoit rien, & qu'elles l'esteindroient bien, & qu'ils se
gardassent bien de m'esueiller. Ils
s'en reuont. L'allarme passée , à
deux heures de là voicy Monsieur
de Cossé qui me vient querir pour
aller trouuer le Roy & la Roine
ma mere pour leur rendre raison
de la sortie de mon frere , en ayant
esté aduertis par l'Abbé de saincte
Geneuiefue, qui, pour n'en estre
embroüillé , & du consentement
mesme de mon frere, lors qu'il veit
qu'il estoit assez loing pour ne pouuoir estre attrappé en vint aduertir
le Roy, disant qu'il l'auoit surpris
en sa maison, & que l'ayant tenu
enfermé iusques à ce qu'ils eussent
V

fait leur trou, il n'auoit pû pluftoft
en venir aduertir le Roy. Il me
trouua au lit, car c'eftoit la nuit, &
me leuant foudain auec mon manteau de nuit , vne de mes femmes
indifcrette & effrayée fe prend à
mon manteau en criant & pleurât,
difant que ie n'en reuiendrois iamais. Monfieur de Coffé la re-
pouffant me dit ; Si cette femme
auoit fait ce trait deuant vne perfonne qui ne vous fuft feruiteur
comme ie fuis, cela vous mettroit
en peine. Mais ne craignez rien,&
loüez Dieu ; car Monfieur voftre
frere eft fauué. Ces parolles me
furent vn aduertiffement bien neceffaire pour me fortifier contre les
menaces & intimidations que i'a-
uois à fouffrir du Roy, que ie trouuay affis au cheuet du lit de la Roi-

ne ma mere en vne telle cholere,
que ie crois qu'il me l'euſt fait reſſentir, ſi la crainte de l'abſence de
mon frere & la preſence de la Roine ma mere ne l'en euſt empeſché.
Ils me dirent tous deux que ie leur
auois dit que mon frere ne s'en
iroit point, & que ie leur en auois
reſpondu. Ie leur dis qu'ouy; mais
qu'il m'auoit trompé en cela comme eux ; Que toutesfois ie leur reſpondois à peine de ma vie que ſon
partement n'apporteroit aucune
alteration au ſeruice du Roy, &
qu'il s'en alloit ſeulement chez luy
pour donner ordre à ce qui luy
eſtoit neceſſaire pour ſon entrepriſe de Flandre. Cela adoucit vn peu
le Roy, & me laiſſa retourner en
ma chambre. Il eut bien toſt nouuelles de mon frere, qui l'aſſeuroiét

V ij

de fa volonté telle comme ie luy
auois dit; ce qui feit ceffer la plain-
te, non le mefcontentement, monftrant en apparence d'y vouloir ai-
der , mais en effet trauerfant fous
main les apprefts de fon armée
pour Flandre.

LIVRE TROISIESME.

LE temps s'estant passé de cette façon, moy pressant à toute heure le Roy de me vouloir permettre d'aller trouuer le Roy mon mary, luy voyant qu'il ne me le pouuoit refuser,& ne voulant que ie partisse mal satisfaite de luy,desirant outre cela infiniment de me separer de l'amitié de mon frere, il m'oblige par toutes sortes de bienfaits, me donnant, suiuant la promesse que la Roine ma mere m'en auoit faitte à la paix de Sens, l'assignat demon dot en terres,& outre cela la nomination des offices & benefices. Et outre la pension qu'il me donnoit telle que les filles de

France ont accoustumé d'auoir, il
m'en donna encor vne de l'argent
de ses coffres ; prenant la peine de
me venir voir tous les matins , &
me representant combien son amitié me pouuoit estre vtile ; Que celle de mon frere me causeroit en fin
ma ruine, & que la sienne me pouuoit faire viure bien-heureuse ; &
mille autres raisons tendantes à cette fin. En quoy iamais il ne pûst
esbranler la fidelité que i'auois
vouée à mon frere, & ne pût tirer
autre chose de moy , sinon que
mon plus grand desir estoit de voir
mon frere en sa bonne grace; Qu'il
me sembloit qu'il n'auoit pas merité d'en estre esloigné , & que ie
m'asseurois qu'il s'efforceroit de
s'en rendre digne par toute sorte
d'obeïssance & de tres-humble ser-

uice ; Que pour moy ie reſſentois d'eſtre obligée à luy de tant d'honneur & de biens qu'il me faiſoit; Qu'il ſe pouuoit bien aſſeurer qu'eſtant auprez du Roy mon mary ie ne manquerois nullemét aux commandements qu'il luy plairoit me faire, & que ie ne trauaillerois à autre choſe qu'à maintenir le Roy mon mary en ſon obeïſſance. Mon frere eſtant lors ſur ſon partement de Flandre , la Roine ma mere le voulut aller voir à Alençon auant qu'il partiſt. Ie ſuppliay le Roy de trouuer bon que ie l'y accompagnaſſe pour luy dire à Dieu. Ce qu'il me permit , bien qu'à regret. Reuenus que nous fuſmes d'Alençon , ayant toutes choſes preſtes pour mon partement , ie ſuppliay encor le Roy de me laiſſer aller.

La Roine ma mere qui auoit aussi
vn voyage à faire en Gascogne
pour le seruice du Roy, (ce païs-là
ayant besoin de luy ou d'elle) elle
se resolut que ie n'irois pas sans elle. Et partants de Paris le Roy nous
mena à son Dolinuille , où aprez
nous auoir traittez quelques iours,
nous prismes congé de luy, & dans
peu de temps nous fusmes en
Guyenne, où dés que nous entras-
mes dans le gouuernemét du Roy
mon mary l'on me feit entrée par
tout. Il veint au deuant de la Roine ma mere iusques à la Rochelle,
ville que ceux de la religion tenoient pour la deffiance qui estoit
encor alors , le païs n'estant encor
bien establly ne luy ayant pû permettre de venir plus outre. Il y
estoit tresbien accompagné de tous

les Seigneurs & Gentils-hommes
de la religion de Gafcogne , & de
quelques Catholiques.   La Roine
ma mere penfoit y demeurer peu
de temps, mais il furuinft tant d'ac-
cidéts , & du cofté des Huguenots
& de celuy des Catholiques, qu'elle fuft contrainte de demeurer dix-
huit mois. Et en eftant fafchée, elle
voulut quelque fois attribuer que
cela fe faifoit artificieufemét pour
voir plus long temps de fes filles,
pource que le Roy mó mary eftoit
deuenu fort amoureux de Dayelle,
& Mófieur de Thurene de la Ver-
gne; ce qui n'empefchoit pas que
ie ne receuffe beaucoup d'honneur
& d'amitié du Roy, qui m'en tefmoignoit autant que i'en euffe pû
defirer, m'ayant dés le premier iour
conté tous les artifices que l'on luy

auoit faits pendant qu'il estoit à la Cour pour nous mettre mal ensemble. Ce qu'il recognoissoit bien auoir esté fait seulement pour rompre l'amitié de mon frere & de luy, & pour nous ruiner tous trois; monstrant auoir beaucoup de contentement que nous fussions ensemble. Nous demeurasmes en cette heureuse condition tant que la Roine ma mere fut en Gascogne ; laquelle aprez auoir estably la paix changea de Lieutenant de Roy à la priere du Roy mon mary, ostant Monsieur le Marquis de Villars pour y mettre Monsieur le Mareschal de Biron. Elle passant en Languedoc nous la conduisismes iusques à Castelnaudarry, où prenants congé d'elle nous nous en reuinsmes à Pau en Bearn, où

n'ayant nul exercice de la religion
Catholique, l'on me permit seulement de faire dire la Meſſe en vne
petite chappelle qui n'a que trois
ou quatre pas de long , qui eſtant
fort eſtroitte eſtoit pleine quand
nous y eſtions ſept ou huit. A l'heure que l'on vouloit dire la Meſſe
l'on leuoit le pont du chaſteau, de
peur que les Catholiques du païs,
qui n'auoient aucun exercice de la
religion, l'ouïſſent. Car ils eſtoient
infiniment deſireux de pouuoir aſſiſter au ſainct ſacrifice, de quoy ils
eſtoient depuis pluſieurs années
priuez ; & pouſſez de ce ſainct &
iuſte deſir, les habitás de Pau trouuerent moyen le iour de la Pente-
coſte auant que l'on leuaſt le pont
d'entrer dans le chaſteau ſe gliſſans
dans la chappelle , où ils n'auoient

point esté descouuerts iusques sur
la fin de la Messe, qu'entr'ouurans
la porte pour laisser entrer quelqu'vn de mes gens, quelques Huguenots qui espioient à la porte les
apperceurent, & l'allerent dire au
Pin Secretaire du Roy mon mary,
(lequel possedoit infiniment son
maistre, & auoit grande authorité
en sa maison, menant toutes les affaires de ceux de la religion) lequel
y enuoya des gardes du Roy mon
mary, qui les tirant hors & les bat-
tant en ma presence, les menerent
en prison, où ils furent long temps,
& payerent vne grosse amende.
Cette indignité fust ressentie infiniment de moy, qui n'attendois
rien de semblable. Ie m'en allay
plaindre au Roy mon mary, le suppliant faire lascher ces pauures Ca-

tholiques, qui n'auoient point merité vn tel chaſtiment pour auoir
voulu , aprez auoir eſté ſi long
temps priués de l'exercice de noſtre
religion , ſe preualoir de ma venuë
pour rechercher le iour d'vne ſi
bonne feſte d'ouïr la Meſſe. Le Pin
ſe meit en tiers , ſans y eſtre appellé , & ſans porter ce reſpect à ſon
maiſtre de le laiſſer reſpondre, préd
la parolle, & me dit que ie ne rom-
piſſe point la teſte au Roy mon
mary de cela , car quoy que i'en
peuſſe dire il n'en ſeroit fait autre
choſe ; Qu'ils auoient bien merité
ce que l'on leur faiſoit, & que pour
mes parolles il n'en ſeroit ny plus
ny moins ; Que ie me contentaſſe
que l'on me permettoit de faire dire vne Meſſe pour moy , & pour
ceux de mes gens que i'y voudrois

mener. Ces parolles m'offenserent
beaucoup d'vn homme de telle
qualité , & suppliay le Roy mon
mary , si i'estois si heureuse d'auoir
quelque part en sa bonne grace, de
me faire cognoistre qu'il ressentoit
l'indignité qu'il me voyoit receuoir par ce petit homme , & qu'il
m'en feit raison. Le Roy mon mary voyant que ie m'en passionnois
iustement, le feit sortir & oster de
deuant moy , me disant qu'il estoit
fort marry de l'indiscretion de du
Pin , & que c'estoit le zele de sa religion qui l'auoit transporté à cela,
& qu'il m'en feroit telle raison que
ie voudrois ; Que pour les prisonniers Catholiques , il aduiseroit a-
uec ses Conseillers du Parlement
de Pau ce qui se pourroit faire pour
me contenter. M'ayant ainsi parlé

il alla aprez en fon cabinet où il
trouua le Pin, qui aprez auoir parlé à luy le changea tout. De forte
que craignant que ie le requiffe de
luy donner congé, il me fuit & me
fait la mine. En fin voyant que ie
m'opiniaftrois à vouloir qu'il chaf-
faft du Pin ou moy, celuy qui luy
feroit le plus agreable, tous ceux
qui eftoient là, & qui haïffoient le
Pin, luy dirent qu'il ne me deuoit
mefcontenter pour vn tel homme,
qui m'auoit tant offenfée, que fi cela venoit à la cognoiffance du Roy
& de la Roine ma mere, ils trouue-
roiét fort mauuais qu'il l'eut fouf-
fert & tenu prez de luy. Ce qui le
contraignit en fin de luy donner
congé. Mais il ne laiffa à continuer
de me faire du mal & de m'en faire
la mine, y eftant, à ce qu'il m'a dit

depuis , perſuadé par Monſieur de
Pibrac, qui ioüoit au double ; me
diſant à moy que ie ne deuois ſouffrir d'eſtre brauée d'vn homme de
peu comme celuy-là, & quoy que
ce fuſt qu'il falloit que ie le fiſſe chaſſer ; & diſant au Roy mon
mary qu'il n'y auoit apparence que
ie le priuaſſe du ſeruice d'vn homme qui luy eſtoit ſi neceſſaire. Ce
que Monſieur de Pibrac faiſoit
pour me conuier à force de deſplai-
ſirs de retourner en France , où il
eſtoit attaché en ſon eſtat de Pre-
ſident & de Conſeiller au Conſeil
du Roy. Et pour empirer encor
ma condition depuis que Dayelle
s'eſtoit eſloignée le Roy mon mary s'eſtoit mis à rechercher Rebours, qui eſtoit vne fille malicieu-
ſe, qui ne m'aimoit point , & qui
me

me faisoit tous les plus mauuais offices qu'elle pouuoit en son endroit. En ces trauerses ayant tousiours recours à Dieu, il eut en fin
pitié de mes larmes, & permit que
nous partissions de ce petit Gene-
ue de Pau, où de bonne fortune
pour moy Rebours y demeura malade, laquelle le Roy mon mary
perdant des yeux perdit aussi d'affection, & commença à s'embar-
quer auec Fosseuse, qui estoit
plus belle pour lors, toute enfant,
& toute bonne. Dressants nostre
chemin vers Montauban, nous
passasmes par vne petite ville nommée Eause, & la nuit que nous y
arriuasmes le Roy mon mary tom-
ba malade d'vne grande fiéure continuë, auec vne extresme douleur
de teste qui luy dura dixsept iours,

X

durant laquelle il n'auoit repos ny iour ny nuit, & le falloit perpetuellement changer de lit à autre. Ie me rendis si suiette à le seruir, ne me partant iamais d'auprez de luy, & sans me deshabiller, qu'il commença à auoir agreable mon seruice, & à s'en loüer à tout le monde, & particulierement à mon cousin Monsieur　　　　qui me rendant office de bon parent, me remit aussi bien auprez de luy que iamais i'auois esté. Felicité qui me dura l'espace de quatre ou cinq ans que ie fus en Gascogne auec luy; faisant la pluspart de ce temps-là nostre seiour à Nerac, où nostre Cour estoit si belle que nous n'en uions point celle de France, y ayant Madame la Princesse de Nauarre sa sœur, qui depuis a esté mariée à

Monfieur le Duc de Bar , & moy,
auec bon nombre de Dames & filles, & le Roy mon mary eftant fui-
uy d'vne belle trouppe de Seigneurs & Gentils-hommes , auffi
hóneftes gens que les plus galants
que i'ay veu à la Cour ; & n'y auoit
rien à regretter en eux finon qu'ils
eftoient Huguenots. Mais de cette diuerfité de religion il ne s'en
oyoit point parler , le Roy mon
mary & Madame la Princeffe fa
fœur allants d'vn cofté au prefche,
& moy & mon train à la Meffe en
vne chappelle qui eft dans le parc;
d'où comme ie fortois nous nous
r'affemblions pour nous aller pro-
mener enfemble, ou dans vn tres-
beau iardin, qui a des allées de lauriers & de ciprez fort longues, ou
dans le parc que i'auois fait faire,

en des allées de trois mille pas qui
sont au long de la riuiere;& le reste
de la iournée se passoit en toutes
sortes de plaisirs honnestes , le bal
se tenant d'ordinaire l'apresdisnée
& le soir. Le Roy seruoit Fosseuse , qui dependant du tout de moy,
se maintenoit auec tant d'honneur
& de vertu , que si elle eust tousiours continué de cette façon elle
ne fust tombée au malheur qui depuis luy en a tant apporté & à moy
aussi. Mais la fortune enuieuse d'v-
ne si heureuse vie, qui sembloit en
la tranquilité & vnion où nous
nous mainteniós mespriser sa puissance,excita nouueau suiet de guerre entre le Roy mon mary & les
Catholiques, rendant le Roy mon
mary & Monsieur le Mareschal de
Biron , qui auoit esté mis en cette

charge de Lieutenant de Roy en
Guyenne à la requeste des Huguenots, tant ennemis, que quoy que
ie púſſe faire pour les maintenir
bien enſemble le Roy mon mary
& luy, ie ne pûs empeſcher qu'ils
ne vinſſent à vne extreſme deffiance & haine, commençáts à ſe plaindre l'vn de l'autre au Roy; le Roy
mon mary demádant que l'on luy
oſtaſt Monſieur le Mareſchal de
Biron de Guyenne, & Monſieur
le Mareſchal taxant mon mary &
ceux de la religion pretenduë d'entreprendre pluſieurs choſes contre
le traitté de la paix. Ce commencement de deſunion s'allant touſiours accroiſſant à mon grand regret, ſans que i'y peuſſe remedier,
Monſieur le Mareſchal de Biron
cóſeille au Roy de venir en Guyen-
X iij

ne, disant que sa presence y apporteroit vn ordre. De quoy les Huguenots estants aduertis, ils creu-
rent que le Roy venoit seulement
pour les desemparer de leurs villes
& s'en saisir. Ce qui les fit resoudre
à prendre les armes ; qui estoit tout
ce que ie craignois , moy estant
embarquée à courre la fortune du
Roy mon mary,& par consequent
me voir en vn party contraire à celuy du Roy & à celuy de ma religion. I'en parlay au Roy mon mary pour l'en empescher , & à tous
ceux de son Conseil, leur remon-
strant combien peu aduantageuse
leur pourroit estre cette guerre, où
ils auoient vn chef contraire tel
que Monsieur le Mareschal de Biron, grand Capitaine & fort ani-
mé contre eux, qui ne les feindroit

pas & ne les espargneroit pas comme auoient fait d'autres ; Que si la puissance du Roy estoit employée contre eux auec intention de les exterminer tous , ils n'estoient pas pour y resister. Mais la crainte qu'ils auoient de la venuë du Roy en Guyenne, & l'esperance de plusieurs entreprises qu'ils auoient sur la pluspart des villes de Gascogne & de Languedoc les y poussoit tellement, qu'encores que le Roy me fist cet honneur d'auoir beaucoup plus de creance & de fiáce en moy, & que les principaux de la religion m'estimassent auoir quelque iugement, ie ne pûs pourtant leur persuader ce que bien tost aprez ils recognurent à leurs despens estre vray. Il fallut laisser passer ce torrét, qui allentit bien tost son cours

X iiíj

quand ils vindrent à l'experience
de ce que ie leur auois predit. Long
temps deuant que l'on vint à ces
termes, voyant que les choses s'y
disposoient, i'en auois souuent aduerty le Roy & la Roine ma mere,
pour y remedier en donnant quelque contentement au Roy mon
mary.   Mais ils n'en auoient tenu
conte, & sembloit qu'ils fussent
bien aises que les choses en vinssent
là; estants persuadez par le feu Mareschal de Biron qu'il auoit moyen
de reduire les Huguenots aussi bas
qu'il voudroit.   Mes aduis negligez, peu à peu les aigreurs se vont
augmentât, de sorte qu'ils en viennent aux armes. Mais ceux de la
religion pretenduë refomée s'estãs
de beaucoup mescontez aux forces
qu'ils faisoient estat de mettre en-

semble, le Roy mon mary se trouue plus foible que le Mareschal de
Biron ; mesmes toutes leurs entreprises estants faillies, fors celle de
Cahors qu'ils prindrét par petards
auec perte de beaucoup de gens,
pour y auoir Monsieur de Vezins
combattu l'espace de deux ou trois
iours, leur ayant disputé ruë aprez
ruë, & maison aprez maison ; où le
Roy mon mary fit paroistre sa prudence & valeur, non comme Prince de sa qualité, mais comme vn
prudent & hazardeux Capitaine.
Cette prise les affoiblit plus qu'elle
ne les fortifia. Le Mareschal de
Biron prenant son temps tinst la
campagne, attaquant & empor-
tant toutes les petites villes qui te-
noiét pour les Huguenots, & mettant tout au fil de l'espée. Dés le

commencement dé cette guerre,
voyant que l'honneur que le Roy
mon mary me faisoit de m'aimer
me commandoit de ne l'abandon-
ner, ie me resolus de courre sa fortune ; non sans extreme regret de
voir que le motif de cette guerre
fut tel, que ie ne pouuois souhait-
ter l'auantage de l'vn ou de l'autre
que ie ne souhaitasse mon domm-
age. Car si les Huguenots auoiét
du meilleur, c'estoit la ruine de la
religion Catholique, de qui i'affe-
ctionnois la conseruation plus que
ma propre vie. Si aussi les Catholiques auoient l'auantage sur les
Huguenots, ie voyois la ruine du
Roy mon mary. Retenuë neantmoins auprez de luy par mon deuoir, & par l'amitié & fiance qu'il
luy plaisoit me monstrer, i'escri-

uois au Roy & à la Roine ma mere l'eftat en quoy ie voyois les affaires de ce païs-là pour en auoir efté les aduis que ie leur en auois donnez negligez ; Que ie les fuppliois, fi en ma confideration ils ne me vouloient tant obliger que de faire efteindre ce feu au milieu duquel ie me voyois expofée, qu'au moins il leur plûft commander à Monfieur le Marefchal de Biron que la ville où ie faifois mon feiour fuft tenuë en neutralité , & qu'à trois lieuës prez de là il ne fe feit point la guerre , & que i'en obtiendrois autant du Roy mon mary pour le party de ceux de la religion. Cela me fut accordé du Roy , pourueu que le Roy mon mary ne fuft point dans Nerac ; mais que lors qu'il y feroit la neutralité n'auroit point de lieu.

Cette condition fut obseruée de l'vn & de l'autre party auec autant de respect que i'eusse peu desirer. Mais elle n'empescha pas que le Roy mon mary ne vinst souuent à Nerac, où nous estions Madame sa sœur & moy, estant son naturel de se plaire parmy les Dames, mesmes estant lors fort amoureux de Fosseuse, qu'il auoit tousiours seruie depuis qu'il quitta Rebours; de laquelle ie ne receuois nul mauuais office, & pour cela le Roy mon mary ne laissoit de viure auec moy en pareille priuauté & amitié, voyāt que ie ne desirois que de le contenter en toutes choses. Toutes ces considerations l'ayants vn iour amené à Nerac auec ses trouppes, il y seiourna trois iours, ne pouuant se departir d'vne compagnie &

d'vn seiour si agreable. Le Mareschal de Biron, qui n'espioit qu'vne
telle occasion , en estant aduerty
feint de venir auec son armée prez
de là pour ioindre à vn passage de
riuiere Monsieur de Cornusson Se-
neschal de Tolose qui luy amenoit
des trouppes , & au lieu d'aller là
tourne vers Nerac, & sur les neuf
heures du matin se presente auec
toute son armée en bataille prez &
à la volée du canon. Le Roy mon
mary qui auoit eu aduis dés le soir
de la venuë de Monsieur de Cornusson, voulant les empescher de
se ioindre, & les combattre separés,
ayant forces suffisantes pour ce faire, (car il auoit lors Monsieur de
la Rochefoucaut auec toute la Noblesse de Xaintonge, & bien huit
cens harquebusiers à cheual qu'il

luy auoit amenez) eftoit party du matin au point du iour, penfant les rencontrer fur le paffage de la riuiere. Mais les ayant failly, pour n'auoir efté bien aduerty, Monfieur de Cornuffon ayant dés le foir deuant paffé la riuiere, il s'en reuint à Nerac. Et comme il entroit par vne porte il fceuft le Marefchal de Biron eftre en bataille deuant l'autre. Il faifoit ce iour là vn fort mauuais temps, & vne fi grande pluye que la harquebuferie ne pouuoit feruir. Neantmoins le Roy mon mary iette quelques trouppes des fiennes dans les vignes pour empefcher que le Marefchal de Biron n'approchaft plus prez. N'y ayant moyen, à caufe de l'extreme pluye qu'il faifoit ce iour là, de faire autre effet, le Marefchal de Biron demeurant cependant en bataille à noſtre veuë, & laiſſant ſeulement deſbander deux ou trois des ſiens qui vindrent demander des coups de lance pour l'amour des Dames, ſe tenoit ferme couurât ſon artillerie iuſques à ce qu'elle fut preſte à tirer. Puis faiſant ſoudain fendre ſa trouppe fait tirer ſept ou huit volées de canon dans la ville, dont l'vne donna iuſques au cha-ſteau; & ayant fait cela, part de là, & ſe retire, m'enuoyant vn trom-pette pour s'excuſer à moy, & me mandant que ſi i'euſſe eſté ſeule il n'eut pour rien du monde entrepris cela; mais que ie ſçauois qu'il auoit eſté dit en la neutralité qui auoit eſté accordée par le Roy, que ſi le Roy mon mary eſtoit à Nerac la neutralité n'auroit point de lieu, &

qu'il auoit commandemét du Roy
de l'attaquer en quelque lieu qu'il
fut. En toutes autres occasions
Monsieur le Mareschal de Biron
m'auoit rendu beaucoup de respect, & tesmoigné de m'estre amy.
Car luy estant tombé de mes lettres
entre les mains durant la guerre, il
me les auoit renuoyées toutes fer-
mées, & tous ceux qui se disoient
à moy ne receuoiét de luy qu'honneur & bon traittement. Ie respondis à son trompette que ie sça-
uois que Monsieur le Mareschal
ne faisoit en cela que ce qui estoit
du deuoir de la guerre & du commandement du Roy ; mais qu'vn
homme prudent comme il estoit
pouuoit bien satisfaire & à l'vn &
à l'autre sans offenser ses amis;
Qu'il me pouuoit bien laisser iouïr

ces

ces trois iours de contentement de
voir le Roy mon mary à Nerac;
Qu'il ne pouuoit l'attaquer en ma
presence sans s'attaquer à moy; que
i'en estois fort offensée , & que ie
m'en plaindrois au Roy. Cette
guerre dura encor quelque temps,
ceux de la religion ayant tousiours
du pire ; ce qui m'aidoit à disposer
le Roy mon mary à vne paix. I'en
escriuis souuent au Roy & à la Roine ma mere , mais ils n'y vouloient point entendre , se fians en
la bonne fortune qui iusques alors
auoit accompagné Monsieur le
Mareschal de Biron. En mesme
temps que cette guerre commença, la ville de Cambray, qui s'estoit
depuis mon partement de France
mise en l'obeïssance de mon frere
par le moyen de Mõsieur d'Ainsi,

Y

duquel i'ay parlé cy deuant , fuſt
aſſiegée des forces Eſpagnoles. De
quoy mon frere, qui eſtoit chez luy
au Pleſſis lez Tours, fut aduerty (lequel eſtoit depuis peu reuenu de
ſon voyage de Flandre, où il auoit
receu les villes de Monts, Valenciennes , & autres qui eſtoient du
gouuernement du Comte de Lalain, qui auoit pris le party de mon
frere, le faiſant recognoiſtre pour
Seigneur en tous les païs de ſon authorité. Mon frere le voulant ſecourir, fait ſoudain leuer des gens
pour mettre ſus vne armée pour s'y
acheminer. Et pource qu'elle ne
pouuoit eſtre ſi toſt preſte, il y fait
ietter Monſieur de Balagny, pour
ſouſtenir le ſiege, attendant qu'a-
uec ſon armée il le pûſt faire leuer.
Comme il eſtoit ſur ces appreſts, &

qu'il commençoit d'auoir vne partie des forces qui luy eftoient neceffaires, cette guerre des Huguenots interuint, qui feit defbander
tous fes foldats pour fe mettre aux
compagnies de l'armée du Roy,
qui venoit en Gafcogne. Ce qui
ofta à mon frere toute efperance de
fecourir Cambray, lequel ne fe
pouuoit perdre qu'il ne perdift
tout le refte du païs qu'il auoit con-
quis, & ce qu'il regrettoit le plus,
Monfieur de Balagny & tous les
honneftes gens qui s'eftoient iet-
tez dans Cambray. Ce defplaifir
luy fut extreme; & comme il auoit
vn grand iugement, & qu'il ne
manquoit iamais d'expedients en
fes aduerfitez, voyant que le feul
remede euft efté de pacifier la France, luy qui auoit vn courage qui ne

trouuoit rien de difficile entrepréd
de faire la paix , & defpefche foudain vn Gentil - homme au Roy
pour le luy perfuader, & le fupplier
de luy donner la charge de la traitter. Ce qu'il faifoit craignant que
ceux qui euffent efté commis ne
l'euffent fait tirer en telle longueur
qu'il n'euft plus eu moyen de fecourir Cambray ; où Monfieur de
Balagny s'eftant ietté, comme i'ay
dit , manda à mon frere qu'il luy
donneroit le temps de fix mois
pour le fecourir. Mais que fi dans
ce temps-là l'on ne faifoit leuer le
fiege, la neceffité de viures y feroit
telle qu'il n'y auroit moyen de có-
tenir le peuple de la ville , & de
l'empefcher de fe rendre. Dieu
ayant affifté mon frere au deffein
qu'il auoit de perfuader le Roy à la

paix, il agrea l'office que luy faifoit
mon frere de s'employer à la traitter, eftimant par ce moyen de le dé-
tourner de fon entreprife de Flandre qu'il n'auoit iamais euë agreable, & luy donna la commiffion de
traitter & faire cette paix, luy mandant qu'il luy enuoyeroit pour l'affifter en cette negociation Mef-
fieurs de Villeroy & de Bellieure.
Cette commiffion reuffit fi heu-
reufement à mon frere, que venant
en Gafcogne (où il demeura fept
mois pour cet effet , qui luy dure-
rent beaucoup plus , pour l'enuie
qu'il auoit d'aller fecourir Cambray , encor que le contentement
qu'il auoit que nous fuffions enfemble luy adoucift l'aigreur de ce
foing) il feit la paix au contentement du Roy & de tous les Catho-

liques , laiſſant le Roy mon mary
& les Huguenots de ſon party non
moins ſatisfaits , y ayant procedé
auec telle prudéce qu'il en demeura loüé & aimé de tous ; & ayant en
ce voyage acquis ce grand Capitaine Monſieur le Mareſchal de
Biron, qui ſe voüa à luy pour prendre la charge de ſon armée de Flandre, & lequel il retiroit de Gaſcogne pour faire plaiſir au Roy mon
mary, qui eut en ſon lieu Monſieur
le Mareſchal de Matignon. Auant
que mon frere partiſt, il deſira faire
l'accord du Roy mon mary & de
Monſieur le Mareſchal de Biron,
pourueu qu'à la premiere venë il
me feit ſatisfaction par vne honneſte excuſe de ce qui s'eſtoit paſſé
à Nerac , & me commanda de le
brauer auec toutes les rudes & deſ-

daigneuses parolles que ie pourrois. I'vsay de ce commandement
passionné de mon frere auec la discretion requise en telles choses,sça-
chant bien qu'vn iour il en auroit
regret, pouuant beaucoup esperer
d'assistance d'vn tel caualier. Mon
frere s'en retournant en France accompagné de Monsieur le Mareschal de Biron , auec non moins
d'honneur & de gloire d'auoir pa-
cifié vn si grand trouble au contentement de tous , que de toutes les
victoires que par armes il auoit
euës, en feit son armée encor plus
grande & plus belle. Mais que la
gloire & le bon-heur est tousiours
suiuy d'enuie! Le Roy n'y prenant
point de plaisir, & en ayant eu aussi peu des sept mois que mon frere
& moy auions demeuré ensemble

Y iiij

en Gaſcogne traittans la paix,pour trouuer vn obiet à ſon ire s'imagine que i'auois fait naiſtre cette guerre, y ayant pouſſé le Roy mon mary (qui peut bien teſmoigner le contraire) pour donner l'honneur à mon frere de faire la paix ; laquelle, ſi elle euſt dependu de moy, il euſt euë auec moins de temps & de peine, car ſes affaires de Flandre & de Cambray receuoient vn grand preiudice de ſon retardemét. Mais quoy? l'enuie & la haine faſcinent les yeux , & font qu'ils ne voyent iamais les choſes telles qu'elles ſont. Le Roy baſtiſſant ſur ce faux fondement vne haine mortelle cótre moy , & faiſant reuiure en ſa memoire la ſouuenance du paſſé, (comme durant qu'il eſtoit en Pologne & depuis qu'il en eſtoit reuenu i'auois touſiours embraſſé les affaires & le contentement de mon frere plus que le ſien)ioignant tout cela enſemble il iura ma ruine & celle de mon frere. En quoy la fortune fauoriſa ſon animoſité, faiſant que durant les ſept mois que mon frere fut en Gaſcogne, le malheur fut tel pour moy qu'il deuint amoureux de Foſſeuſe, que le Roy mon mary ſeruoit, comme i'ay dit, depuis qu'il eut quitté Rebours. Cela penſa conuier le Roy mon mary à me vouloir mal , eſtimant que i'y fiſſe de bons offices pour mon frere contre luy. Ce qu'ayant recognu , ie priay tant mon frere, luy remonſtrant la peine où il me mettoit par cette recherche , que luy , qui affectionnoit plus mon contentement que le ſien , força ſa

passion , & ne parla plus à elle.
Ayant remedié de ce costé-là , la
fortune , laquelle quand elle commence à poursuiure vne personne
ne se rebutte point pour le premier
coup que l'on luy fait teste , me
dresse vne autre embusche bien
plus dangereuse , faisant que Fosseuse , qui aimoit extremement le
Roy mon mary , & qui toutesfois
iusques alors ne luy auoit permis
que les priuautez que l'honnesteté
peut permettre , pour luy oster la
ialousie qu'il auoit de mon frere, &
luy faire cognoistre qu'elle n'aimoit plus que luy , s'abondonne
tellement à le contenter en tout ce
qu'il vouloit d'elle, que le malheur
fut si grand qu'elle deuint grosse.
Lors se sentant en cet estat , elle
change toute sorte de proceder a-

uec moy , & au lieu qu'elle auoit
accouſtumé d'y eſtre libre,& de me
rendre auprez du Roy mon mary
tous les bons offices qu'elle pouuoit, elle commence à ſe cacher de
moy, & à me rendre autát de mauuais offices qu'elle m'en auoit fait
de bons. Elle poſſedoit deſorte le
Roy mó mary qu'en peu de temps
ie le cogneus tout changé. Il s'eſ-
trangeoit de moy, il ſe cachoit, &
n'auoit plus ma preſence ſi agreable qu'il auoit eu les quatre ou cinq
heureuſes années que i'auois paſ-
ſées auec luy en Gaſcogne pendant
que Foſſeuſe s'y gouuernoit auec
honneur. La paix faitte que i'ay
ditte, mon frere s'en retournant en
Fráce pour faire ſon armée, le Roy
mon mary & moy nous en retour-
naſmes à Nerac , où ſoudain que

nous fufmes arriuez Foffeufe luy
met en la tefte, pour trouuer vne
couuerture à fa groffeffe , ou bien
pour fe deffaire de ce qu'elle auoit,
d'aller aux eaux de Aigues-caudes
qui font en Bearn. Ie fuppliay le
Roy mon mary de m'excufer fi ie
ne l'accompagnois à Aigues-caudes ; qu'il fçauoit que depuis l'indignité que i'auois receuë à Pau i'a-
uois fait vn ferment de n'entrer iamais en Bearn que la religion Catholique n'y fuft. Il me preffa fort
d'y aller, iufques à s'en courroucer.
En fin ie m'en excufe. Il me dit
alors que fa fille (car il appelloit
ainfi Foffeufe) auoit befoin d'en
prendre pour le mal d'efthomac
qu'elle auoit. Ie luy dis que ie voulois bien qu'elle y allaft. Il me refpond qu'il n'y auoit point d'appa-

rence qu'elle y allaſt ſans moy; que
ce ſeroit faire penſer mal où il n'y
en auoit point ; & ſe faſche fort
contre moy de ce que ie ne la voulois point mener. En fin ie feis tant
qu'il ſe contenta qu'il allaſt auec elle deux de ſes compagnes, qui furent Rebours & Villeſauin , & la
gouuernante. Elles s'en allerent
auec luy, & moy i'attendis à Bauiere. l'auois tous les iours aduis de
Rebours (qui eſtoit celle qu'il a-
uoit aimée, & eſtoit vne fille corrompuë & double, qui ne deſiroit
que de mettre Foſſeuſe dehors,
penſant tenir ſa place en la bonne
grace du Roy mon mary) que Foſſeuſe me faiſoit tous les plus mauuais offices du monde , meſdiſant
ordinairement de moy , & ſe per-
ſuadant , ſi elle auoit vn fils &

qu'elle se pûst deffaire de moy, d'espouser le Roy mon mary, lequel estant de retour à Bauiere auoit resolu d'aller à Pau, & de m'y mener ou de gré ou de force. Ces aduis me mettoient en la peine que l'on peut penser. Toutesfois ayant tousiours fiance en la bonté de Dieu & en celle du Roy mon mary, ie passay le temps de ce seiour de Bauiere en l'attendant, & versant autant de larmes qu'eux beuuoient de gouttes des eaux où ils estoient ; bien que i'y fusse accompagnée de toute la noblesse Catholique de ce quartier-là, qui mettoit toute la peine qu'elle pouuoit pour me faire oublier mes ennuis. Au bout d'vn mois ou cinq semaines, le Roy mon mary reuenant auec Fosseuse & ses autres compa-

gnes sceust de quelqu'vn de ces
Seigneurs qui estoient auec moy
l'ennuy où i'estois pour la crainte
que i'auois d'aller à Pau. Qui fut
cause qu'il ne me pressa pas tant d'y
aller, & me dit seulement qu'il eut
bien desiré que ie l'eusse voulu.
Mais voyant que mes larmes &
mes parolles luy disoient ensemble
que i'aimerois plustost la mort, il
changea de dessein, & retournas-
mes à Nerac, où voyant que tout
le monde parloit de la grossesse de
Fosseuse, & què non seulement en
nostre Cour, mais par tout le païs
cela estoit commun, ie voulus tas-
cher de faire perdre ce bruit, & me
resolus de luy en parler, & la prenant en mon cabinet ie luy dis; Encor que depuis quelque téps vous
vous soyez estrangée de moy , &

que l'on m'aye voulu faire croire
que vous me faites de mauuais offices auprez du Roy mon mary, l'a-
mitié que ie vous ay portée, & celle
que i'ay voüée aux personnes d'hóneur à qui vous appartenez ne me
peut permettre que ie ne m'offre
de vous secourir au malheur où
vous vous trouuez , que ie vous
prie de ne me nier , & ne vouloir
ruiner d'honneur & vous & moy,
qui ay autant d'interest au vostre,
estant à moy, comme vous mesme;
& croyez que ie vous feray office
de mere. I'ay moyen de m'en aller,
sous couleur de la peste que vous
voyez qui est en ce païs, & mesme
en cette ville , au Mas d'Agenois,
qui est vne maison du Roy mon
mary qui est fort escartée. Ie ne me-
neray auec moy que le train que

vous

vous voudrez. Cependant le Roy
mon mary ira à la chaſſe d'vn autre
coſté , & ne bougeray de là que
vous ne ſoyez deliurée, & ferons
par ce moyen ceſſer ce bruit qui ne
m'importe moins qu'à vous. Elle
au lieu de m'en ſçauoir gré , auec
vne arrogance extréme me dit que
elle feroit mentir tous ceux qui en
auoient parlé; Que depuis quelque
temps ie ne l'aimois point , & que
ie cherchois pretexte pour la ruiner. Et parlant auſſi haut que ie
luy auois parlé bas , elle ſort toute
en cholere de mon cabinet, & y va
mettre le Roy mon mary ; en ſorte
qu'il ſe courrouça fort à moy de ce
que i'auois dit à ſa fille, diſant qu'elle feroit mentir tous ceux qui la ta-
xoient, & m'en feit mine fort long
temps , & iuſques à tant que s'eſtás

paſſez quelques mois vint l'heure
de ſon temps. Le mal luy prenant
au matin au point du iour eſtant
couchée en la chambre des filles,
elle enuoya querir mon Medecin,
& le pria d'aller aduertir le Roy
mon mary ; ce qu'il feit. Nous
eſtions couchez en vne meſme
chambre en diuers lits , comme
nous auions accouſtumé. Comme
le Medecin luy dit cette nouuelle il
ſe trouua fort en peine ne ſçachant
que faire , craignant d'vn coſté
qu'elle fuſt deſcouuerte, & de l'autre qu'elle fuſt mal ſecouruë ; car il
l'aimoit fort. Il ſe reſolut en fin de
m'aduoüer tout,& me prier de l'aller faire ſecourir , ſçachant bien
que quoy qui ſe fuſt paſſé il me
trouueroit touſiours preſte de le
ſeruir en ce qui luy plairoit. Il ou-

ure mon rideau, & me dit; M'amie,
ie vous ay celé vne chose qu'il faut
que ie vous aduouë. Ie vous prie
de m'en excuser , & de ne vous
point souuenir de tout ce que ie
vous ay dit pour ce suiet. Mais
obligez moy tant que de vous leuer tout à cette heure , & aller secourir Fosseuse qui est fort mal. Ie
m'asseure que vous ne voudriez la
sentant en cet estat vous ressentir
de ce qui s'est passé. Vous sçauez
combien ie l'aime;ie vous prie obligez moy en cela. Ie luy dis que ie
l'honorois trop pour m'offenser de
chose qui vint de luy ; Que ie m'y
en allois, & y ferois comme si c'e-
stoit ma fille ; Que cependant il
s'en allast à la chasse & emmenast
tout le monde , à fin qu'il n'en fut
point ouy parler. Ie la feis promp-

tement oster de la chambre des filles , & la mis en vne chambre escartée , auec mon Medecin & des
femmes pour la seruir , & la feis
tresbié secourir. Dieu voulut qu'elle ne feit qu'vne fille, qui encores
estoit morte. Estant deliurée on
la porta à la chambre des filles, où
bien que l'on apportast toute la
discretion que l'on pouuoit, on ne
pûst empescher que le bruit ne fut
semé par tout le chasteau. Le Roy
mon mary estát reuenu de la chasse la va voir,comme il auoit accoustumé. Elle le prie que ie l'allasse
voir , comme i'auois accoustumé
d'aller voir toutes mes filles quand
elles estoient malades , pensant par
ce moyen oster le bruit qui couroit. Le Roy mon mary venant
en la chambre me trouue que ie

m'eſtois remiſe dans le lit , eſtant
laſſe de m'eſtre leuée ſi matin, & de
la peine que i'auois euë à la faire ſecourir. Il me prie que ie me leue &
que ie l'aille voir. Ie luy dis que ie
l'auois fait lors qu'elle auoit eu be-
ſoin de mon ſecours, mais qu'à cette heure elle n'en auoit plus affaire;
Que ſi i'y allois ie deſcouurirois
pluſtoſt que de couurir ce qui
eſtoit , & que tout le monde me
monſtreroit au doigt. Il ſe faſcha
fort contre moy , & ce qui me deſpleuſt beaucoup , il me ſembla que
ie ne meritois pas cette recompen-
ſe de ce que i'auois fait le matin.
Elle le meit ſouuent en des hu-
meurs pareilles contre moy. Pendant que nous eſtions de cette façon , le Roy, qui n'ignoroit rien
de tout ce qui ſe paſſoit en la mai-

fon de tous les plus grands de fon
Royaume, & qui eftoit particulierement curieux de fçauoir les deportemens de noftre Cour , ayant
efté aduerty de tout cecy,& confer-
uant encor le defir de vengeance
qu'il auoit conceu côtre moy pour
l'occafion que i'ay ditte de l'honneur que mon frere auoit acquis à
la paix qu'il auoit faitte, penfe que
c'eftoit vn beau moyen pour me
rendre auffi miferable qu'il defiroit , me tirant hors d'auprez du
Roy mon mary , & efperant que
l'efloignement feroit comme les
ouuertures du bataillon Macedo-
nien. A quoy pour paruenir il me
feit efcrire par la Roine ma mere
qu'elle defiroit me voir ; Que c'e-
ftoit affez d'auoir efté cinq ou fix
ans efloignée d'elle ; Qu'il eftoit

temps que ie feisse vn voyage à la Cour, & que cela seruiroit aux affaires du Roy mon mary & de moy ; Qu'elle cognoissoit que le Roy estoit desireux de me voir, & que si ie n'auois des commoditez pour faire ce voyage le Roy m'en feroit bailler. Le Roy m'escriuit le semblable, & m'enuoyant Manniquet, qui estoit son Maistre d'hostel, pour m'y persuader (pource que depuis cinq ou six ans que i'estois en Gascogne ie n'auois iamais peu me donner cette volonté de retourner à la Cour) il me trouua lors plus aisée à receuoir ce conseil, pour le mescontentement que i'auois à cause de Fosseuse, luy en ayant donné aduis à la Cour. Le Roy & la Roine m'escriuirét deux ou trois fois coup sur coup, & me font deliurer quinze cens escus, à fin que l'incommodité ne me retardast ; & la Roine ma mere me mande qu'elle viendroit iusques en Xaintonge, & que si le Roy mon mary me menoit iusques là, elle cómuniqueroit auec luy pour luy donner asseurance de la volonté du Roy. Car il desiroit fort de le tirer de Gascogne, pour le remettre à la Cour en la mesme condition qu'ils y auoient esté autresfois mon frere & luy ; & le Mareschal de Matignon poussoit le Roy à cela pour l'enuie qu'il auoit de demeurer tout seul en Gascogne. Toutes ces belles apparences de bien-veuillance ne me faisoient point tromper aux fruits que l'on doit esperer de la Cour, en ayant eu par le passé trop d'experience.

Mais ie me resolus de tirer profit
de ces offres, & y faire vn voyage
seulement de quelques mois, pour
y accommoder mes affaires & celles du Roy mon mary ; estimant
qu'il seruiroit aussi comme de di-
uersion pour l'amour de Fosseuse
que i'emmenois auec moy, & que
le Roy mon mary ne la voyât plus,
s'embarqueroit possible auec quelqu'autre qui ne me seroit si ennemie. l'eus assez de peine à faire
consentir le Roy mon mary à me
permettre ce voyage, pource qu'il
se faschoit d'esloigner Fosseuse, &
qu'il en fust parlé. Il m'en feit
meilleure chere, desirant extrémement m'oster cette volonté d'aller en France. Mais l'ayant desia
promis par mes lettres au Roy &
à la Roine ma mere, mesmes ayant

touché la somme susdite pour mõ
voyage, le malheur qui m'y tiroit
l'emporta sur le peu de volonté que
i'auois lors d'y aller, voyant que
le Roy mon mary recommençoit
à me monstrer plus d'amitié